Recetas Practicas Para La Señora De Casa Sobre Cocina: Reposteria, Pasteles, Neveria, Etc. ......

Anonymous

RECETAS PRACTICAS

PARA

La Señora de Casa.

SOBRE

Cocina, Reposteria,

Pastelería, etc.,

RECOPILADAS
POR ALGUNAS SOCIAS DE LA CONFERENCIA DE
LA SANTÍSIMA TRINIDAD,
PARA SOSTENIMIENTO DE SU HOSPITAL.

TOMO II.

GUADALAJARA

Imp. y Enc. del Orfanatorio del S. C. de Jesús á c. de J. A. Rodríguez.

1893.

Asegurada la propiedad conforme á la ley.

Advertencia.

———◎———

La mayor parte de los muchos libros de cocina que se han impreso hasta ahora, han contenido una gran cantidad de recetas que los compiladores han recojido de aquí y de allí, sin cuidarse de saber si eran buenas ó no, si se podían ó no poner en práctica.

Las que se inprimen en este volúmen, por el contrario, son todas conocidas y experimentadas, y se ha procurado redactarlas con sencillez y claridad, de modo que todas las señoras puedan entenderlas y ponerlas en práctica, sin ninguna dificultad.

Hemos incluido recetas para todos los gustos y para todas las fortunas, pero aun en esa variedad hemos procurado no poner aquellas que son propias para cocinas de fondas, hoteles ó casas de huéspedes, sino exclusivamente para familias, por ser á ellas á quienes este libro está dedicado.

Habiendo tenido tan favorable acojida el primer libro de "Recetas prácticas para la señora de casa," impreso por la Conferencia de la Sma. Trinidad, para el sostenimiento de su hospital, algunas socias han recopilado más recetas para la formación de este segundo libro.

———

Primera parte.

—

SOPAS.

—

SOPA DE FIDEOS CON LECHE.

Esta sopa se prepara de la manera siguiente:

Se ponen á hervir dos cuartillos de leche y se les agrega una onza de fideos quebrados, sazonándola con sal, ó azúcar.

Todas las pastas de Italia pueden prepararse del mismo modo.

—

SOPA DE FIDEOS PARA VIGILIA.

Se molerán ajos asados, con chiles anchos remojados y desvenados, y se freirán en manteca con sal, y así que esté bien frito, se le agrega agua de cebollas cocidas, clavo y pimienta; cuando esté hirviendo, se echarán los fideos y en todo se seguirá como la anterior.

MACARRONES Á LA NAPOLITANA.

Se cuecen los macarrones en bastante agua, y cuando estén cocidos se sazonan con sal; se sacan de la lumbre y se les pone agua fría para que cese el hervor; se escurren un momento y se disponen en capas, una de macarrones, y otra de mantequilla, pimienta y queso rallado.

En vez de la mantequilla puede emplearse caldo, jugo de carne, ó salsa de tomate; se acaba de cocer con fuego encima.

SOPA DE MACARRÓN Ó TALLARÍN.

En mantequilla quemada se freirán los macarrones, se sacan y en la misma se fríen unos ajos molidos, poca cebolla también molida y jitomate exprimido; cuando ya esté frito se le pone el caldo y perejil picado, y en soltando el hervor se echarán los tallarines ó macarrones, y ya que estén cocidos se les agrega un poco de queso rallado. Para servirse se le pone más queso, huevo cocido y chilitos en vinagre.

SOPA DE MACARRÓN.

Se frié el macarrón, cuidando que quede un poco dorado, en la misma manteca se pone cebolla, jitomate y ajo, todo picado, cuando también esto esté frito, se le pone una poquita de agua, y con la cuchara se deshace el recaudo, dejándola que dé unos hervores; entonces, se le agregan unas acelgas cocidas y picadas; después se ponen los macarrones y se deja la cazuela al vapor de una olla, ya para servirse se vuelve á la lumbre, y se adorna con queso rallado, poca pimienta, y se tiene cuidado de no menearla.

OTRA SECA.

Se pone á cocer el macarrón con bastante agua y sal; cuando esté ya muy suave, se saca y pone en un cedazo: se frié bastante jitomate y cebolla picados, se unta con bastante mantequilla una cacerola y se le pone polvo de pan de huevo, que sea de rosca, en seguida una capa de macarrrón, otra de queso seco, y otra de recaudo, así se llena la cacerola, cuidando de que la última sea de polvo de pan; á cada capa se le ponen bolitas de mantequilla y perejil picado; se sienta en rescoldo con lumbre encima para que se dore.

SOPA DE TALLARINES.

Estos se preparan como los macarrones, agregándoles una capa de natas de leche, cubriendo todo con una capa de queso, y se acaban de cocer con lumbre encima.

SOPA DE TALLARÍN CON LECHE.

Se amasa una libra flor de harina, con cuatro yemas, sal al gusto, y la leche necesaria para que se moje, luego que esté durita se extiende con un bolillo, poniéndole antes á la mesa harina para que no se pegue, cuando esté delgada se cortan los tallarines, y después de oreados, se frién; el caldillo se sazona con jitomate, cebolla y ajo; ésto picado grueso, y frito, después se echan los tallarines y se pone la cazuela en rescoldo para que hierva á fuego manzo; para servirse se adorna con rebanadas de panela fresca.

SOPÁ DE LIEBRE.

Después de partida la liebre se pone á cocer juntamente con jamón magro cortado en rebanadas muy delgadas, con cebollas, perejil, tomillo y caldo de la olla, cuando esté cocida se muele juntamente con el jamón y se deslié en el mismo caldo, agregándole polvo de pan y

vino tinto; se pone á la lumbre veinte minutos
antes de servirse, cuidando de que no hierva, y
se le agrega pimienta y sal.

———

SOPA DE TORTUGA.

Se corta en pedazos del grueso de una nuez
la parte carnosa del interior de una tortuga y
se lavan en diferentes aguas, cociéndola en caldo hecho con carne de res, de carnero, zanahorias, cebollas, clavos, pimienta y sal, y desgrasado.

En el momento de servirla se le pone vino
de madera y pan frito.

———

SOPA DE ARROZ CON FRITURA.

Se dora el arroz en manteca con ajos molidos y sal, después se le pone cebolla picada para que se fría; en seguida se le agrega clavo y
pimienta molida, chile negro desvenado, remojado y molido para darle color, y así que se haya frito con el arroz se le pone el caldo necesario, y cuando esté cocido y seco el arroz se apartará y en un platón se echa un poco, se empa-
reja y encima se le pone una capa de fritura
hecha con molleja é hígados de pollo, riñones,

2

chorizos, jamón y huevo, todo cocido y en trocitos chicos, perejil picado, alcaparras, un polvo de pimienta, y así se irán poniendo capas, procurando que acabe en punta; estando emparejada con la mano, se unta de manteca quemada con una pluma, se mete al horno ó se pondrá fuego de modo que seque por todos lados, y así que se vaya á servir se le pone en la punta un huevo cocido.

SOPA DE ARROZ JULIANA.

Se lava y remoja el arroz en agua caliente por espacio de una hora, en seguida se frié; cuando esté, se le ponen ajos enteros y agua fría, y se tapa con un comal; luego que espese se le pone bastante caldo, en el que se habrá cocido un jitomate grande, tres calabacitas, un manojo de perejil y cebollas: esto se rebana grueso y se le echa á la sopa, también se le pone sanahoria, coliflor y chícharos, todo cocido, chiles verdes enteros, asados y desvenados, y unas rebanadas de chorizo, que después de cocido en agua, se le habrá echado al caldo, y se sirve aguada.

OTRA A LA VALENCIANA.

Se lava y remoja el arroz, se frié, se le pone caldo y cuando esté sancochado, se le acomodan unos chiles verdes, asados, pelados y rellenos de chorizo, longaniza y un poco del mismo arroz; en seguida se le pone caldo suficiente, y se deja á dos fuegos para que acabe de esponjar.

SOPA DE PECHUGA.

Asados en crudo unos pollos, se les quitarán las pechugas, y se molerán juntas con yemas de huevo cocidas y un poco de arroz también cocido; se colará esto por un cedazo, y en manteca quemada se freirán unos ajos, así que estén dorados se sacarán y se freirá esto; luego que se haya frito y hervido algo, se le pone el caldo ya sazonano con perejil picado y trocitos de jamón: se sirve con pedazos de pan dorados en manteca.

SOPA DE ALMUERZO.

Se pondrán en una cazuela, rebanadas de pan fritas en manteca, con un polvo de canela

y caldo ya sazonado, el necesario para que el
pan esponje, y encima se echarán yemas de
huevo batidas con un polvo de azúcar; se pondrá al vapor de la olla y un comal con lumbre por encima.

SOPA DE CAMARÓN.

En manteca quemada se baciarán cebollas,
ajos, jitomates, chile verde, todo picado, y ya
que esté se le agregan camarones un poco picados y quitados los pellejos, el agua en que
se cocieron, azafrán, clavo, todo molido, perejil
picado y alcaparras: ya sazonado se servirá
con pan frito en la manteca.

SOPA DE GARBANZO.

Fritos unos ajos en manteca se molerán juntos con jitomates asados y garbanzos pelados
ya cocidos; clavos, pimienta; se freirá en la
misma manteca cebolla picada; ya frita se le
agrega todo lo molido para que también se
fría y en seguida se le pone agua caliente, sal
y aceite para que acabe de sazonar: al llevarse
á la mesa se le agrega pan frito.

SOPA DE PESCADO.

Después de fritos en aceite unos ajos, se sacan para freir en el mismo el pan ya rebanado: así que esté se sacará y se freirá en el mismo aceite cebolla picada y los ajos molidos, y trozos de pescado robalo ó bacalao ya cocido, clavos, pimienta y sal: así que todo esté frito, se le agrega el agua en que se coció el pescado; cuando esté sazonado se adornará con perejil, huevo cocido y chilitos en vinagre.

OTRA DE YEMAS.

Fritos en aceite cebolla y ajos picados, jitomates asados y molidos; cuando ya estén fritos se le pone yemas cocidas y molidas, queso rallado, clavo y pimienta; ya frito esto, se le agrega el agua necesaria, sal, perijil y mejorana picada; con este caldo bien sazonado se prepara la sopa como la anterior.

CAPIROTADA.

Se freirán en manteca cebollas, ajos picados, jitomates asados y molidos: ya frito se le echa-

rá el agua necesaria, clavos, pimienta y cominos molidos, azúcar al gusto; y con este caldillo bien hervido se hará la sopa, poniendo en
una cazuela untada de manteca, rebanadas de
pan doradas en comal, y á cada capa se le irá
echando de este caldillo con recaudo y también pasas, almendras, piñones y queso rallado;
la última capa será de pan; se pondrá al fuego
y así que ya esté se aparta y bajado el hervor
se le echará más queso, poniéndole fuego arriba para que se dore.

OTRA DE CALABAZAS.

Han de ser tiernas, largas y delgadas. Se
rebanarán del grueso de un cigarro: ya cocidas
se escurren en un cedazo; se freirá en mantequilla cebolla rebanada, y así que esté rendida,
se le pone leche, poca azúcar, clavo y canela
molida, y con este caldillo se hará, poniendo
en una cazuela untada de mantequilla una capa de calabazas, otra de la cebolla y caldillo,
otra de rebanadas de queso fresco; la última
será de queso: se pone á dos fuegos para que
seque un poco, poniéndole luego pan rallado
para que acabe de dorar.

CAPIROTADA DE NABOS.

Se cocerán los nabos, que sean tiernos, con sal y ajos, después se pelan, rebanan y frien con ajos molidos, y ya fritos se les agrega el caldo sazonado, garbanzos cocidos y molidos, y en una cazuela se irán poniendo una capa de nabos, otra de tiras de jamón cocido, polvo de pan tostado en comal, y la última será de nabos; se le echa el caldo y se pone á hervir para que espese algo, en seguida se baja de la lumbre y se cubre con pan rallado, sal, pimienta, manteca quemada y un comal con brasas para que dore.

CAPIROTADA DE FRIJOLES.

En aceite quemado se freirá cebolla picada, y ya frita se le echará el caldo en que se cocieron los frijoles, polvo de pimienta sal y queso rallado; así que esté sazonado se le pone el pan dorado en comal, después de cocida y apartada de la lumbre se le pone queso y aceite quemado y se le pone un comal con lumbre para que dore, y se sirve con huevos estrellados.

RABIOLES.

A una libra de harina, tres onzas de mantequilla, una de manteca, dos huevos, sal y agua
necesaria. Todo esto se amazará bien, y antes de extenderla con el palote se pondrá
en la mesa una poca de harina, se comen-
zará á extender y se le irá poniendo harina, si la necesitare, hasta que la masa esté
encerada y no se pegue ni en la mesa ni en el
palote. Después, extendida algo más que del
grueso de los tallarines, se harán en la forma
siguiente: el relleno se preparará con navos
y jamón cocido, esto picado y sazonado con sal,
pimienta y queso seco rallado; ó con sesos de
carnero cocidos y sazonados con pimienta, sal,
ó con chorizo y jamón cocido con sal, perejil
picado y pimienta en polvo, ó con un picadillo
de pechuga de gallina, que se preparará como
sigue: se frié picado muy menudo ajo, cebolla,
jitomate molido; y ya que esté frito, se le pone la pechuga cocida y picada, sal, clavos y pimienta, todo molido, un poco de caldo para
que cuezan las especies; cuando haya secado,
se apartará de la lumbre y se le pone un poco
de aceite; el relleno se irá poniendo en bolitas
chicas sobre la masa á distancia como de dos
dedos, se cubrirán con otro tanto de la masa,
entre una y otra bolita, se le da una asentada
con los dedos para que unan las dos masas, y

con una carretilla se cortan las empanadas: al día siguiente se fríen en manteca ó mantequilla, cuidando de que no se doren, y en una cazuela se pondrá caldo de gallina ó del cocido ya sazonado; cuando esté hirviendo se le ponen los rabioles para que se cuezan, y en un platón ú otra cazuela untada de mantequilla y un polvo de queso rallado, se pone una capa de rabioles con un poco de caldo, queso y pimienta, y unos pedacitos de tuétanos de vaca cocidos en el mismo caldo, y botoncitos de mantequilla; se pone la cazuela en el vapor de la olla con un ligero rescoldo para que se conserve caliente.

SOPA DE QUESO.

Se muele el queso grande y se revuelve con pan de torcido ó sentado hecho pedacitos chicos, y se fríen chiles verdes picados, y en seguida el pan con el queso; así que esté se le pone el caldo ya sazonado, se revuelve con la cuchara para que no se queme y quedará casi desbaratada y no muy seca.

SOPA DE PURÉ DE PAPAS.

Se cocen las papas después de peladas, y que

sean de vapor; en seguida se muelen y disuelven en agua ó caldo.

Se pone á freir cebolla molida, jitomate asado y molido, rajas de chile verde, y con esto se sazona el caldillo en que se disolvieron las papas, y se le agrega un polvo de pimienta y mantequilla, un poco antes de bajarla de la • lumbre.

OTRA.

Se muelen papas crudas, se disuelven en leche, poniéndole mantequilla, azúcar y sal al gusto y se pone á cocer hasta que tome punto de taja; con este puré se rellenan unas empanaditas preparadas con la siguiente masa: en tres onzas de harina, se ponen dos huevos, mantequilla y sal; se amasan hasta que esté suave y luego se fríen. Se sirven con la siguiente salsa: se muele un hígado y una molleja de guajolote, con tres yemas cocidas, cinco tornachiles, sin quitarles las semillas, unas pimientas, clavos y la sal necesaria; se baja del metate con vinagre y caldo y se frié en la manteca, poniéndole en seguida el caldo necesario para que acabe de sazonar.

SOPA DE PAN.

Después de frito jitomate y cebolla, se le pone pata de res cocida y en pedacitos, huevo cocido y picado, el caldo y nuez moscada; cuando ya esté sazonado, se le agrega vino jerez, y el pan frito.

OTRA.

Se pone á freir cebolla, chorizo y jamón, poniéndole en seguida el caldo necesario, chícharos, zanahorias y nabos, esto cocido y rebanado: cuando suelte el hervor, se le agrega jitomate frito y molido, yemas cocidas y desbaratadas en caldo; para servirse se le pone el pan frito: con este caldillo se puede preparar también de macarrón.

OTRA.

Se frié cebolla, jitomate, ajo, calabacitas, col y chayote, todo crudo y picado muy menudito: cuando esté bien frito se le pone bastante caldo para que se cueza la verdura; después se le agrega polvo de pimienta, tres yemas cocidas y disueltas en el caldo, y ya para servirla se le pone el pan dorado en la manteca y perejil.

———

SOPA DE TACOS.

En dos cuartillos de leche se baten cuatro yemas, seis cucharadas de harina y la sal necesaria; con esto se hacen las tortillitas en una cacerola con manteca requemada, y se rellenan con picadillo de carne de puerco; se acomodan en una cazuela y se dejan al vapor de la olla, y se sirven con la salsa siguiente: se muele jitomate asado, ajo, con chorizo y cebolla; en seguida se frié y sazona con vinagre, aceite, pimienta y sal.

———

SOPA DE SARDINAS.

Para media libra de harina, dos huevos, una poquita de agua de cáscaras de tomates cocidas, un terroncito de tequesquite y la sal necesaria: después de amasado esto un poco, se le añade una onza de tuétano derretido, que no esté caliente; se vuelve á amasar bastante rato, dejándola luego reposar como una hora, poniéndole harina por encima.

El picadillo se hace con cebolla, jitomate,

tomate, ajo, todo picado muy menudo; también se le pican chiles en vinagre, aceitunas, sardinas y un pollito cocido; se frié, y con esto se rellenan los rabioles que se frién en bastante manteca. Para el caldillo se frién dos cucharadas de harina hasta que quede café, agregándole luego jitomate asado y colado, zanahoria cocida, molida y cernida; así que esté esto bien frito, se le pone bastante caldo de gallina, y luego que esté hirviendo se le agregan los rabioles, dejándolos hervir un rato, y se sacan de la lumbre á que reposen una hora antes de comer. Ya para servirse, se le pone cuatro onzas de mantequilla, perejil picado y cebolla deshojada.

SOPA DE MANTEQUILLA.

A un cuartillo de leche, se le mezclan cinco onzas de harina y cuatro de mantequilla, se pone á la lumbre, y cuando empiece á espesar se le agrega cuatro claras y sus yemas, se menea para que no se haga bolas; así que la masa no se pegue en las manos y esté bastante dura se saca.

Se pone una cazuela con caldo en la lumbre (este caldo que esté sazonado con todas las verduras), así que empiece á hervir, se le van poniendo bolitas de la masa y chícharos cocidos,

cuidando de que no hiérva mucho para que no
se desbaraten las bolitas; cuando ya se va á sa-
car de la lumbre se le pone un polvo de nuez
moscada.

SOPA DE HARINA.

En tres onzas de harina se ponen dos huevos,
un trozo de mantequilla y sal, se amasa hasta
dejarla tan suave como para buñuelos, se to-
man pedacitos y se labran en una canastita,
dándoles figura de macarrones; el caldillo se
hace al gusto.

OTRA DE HARINA.

A una taza de leche se le ponen dos yemas,
dos cucharadas de harina y tantita sal, se disuelve y se pone á la lumbre hasta que espese
como atole. Se muelen tres jitomates crudos,
se pica una cebolla chica y se frié en poca
manteca hasta que esté el jitomate chino, entonces se le pone caldo suficiente y col cocido
y picado; cuando esté hirviendo se le echa el
atole en chorritos; así que estén las bolitas
suaves se quita de la lumbre y se le agrega
apio picado y tantita mantequilla.

SOPA DE OSTIONES.

Se pica cebolla muy menudita, jitomate y ajo; después de frito se le añade poca harina, y cuando ésté frita, se le ponen los ostiones con el caldo en que están y bastante caldo de la olla, un polvo de pimienta y poco perejil; se deja hervir para que acabe de sazonar y cuando se va á servir se pone en la sopera el pan frito y se vacía sobre él la sopa muy caliente.

———

SOPA DE PAPAS.

Se cocen y pelan las papas; al siguiente día, después de molidas se amasan con mantequilla y huevo; después de extendida la masa se hacen unas empanaditas rellenándolas con sesos picados y guisados y en seguida se fríen.

El caldillo se sazona con verdura, poca pimienta y nuez moscada. Hasta que se van á servir se juntan con el caldillo.

———

SOPA DE MACARRÓN SECA.

Después de cocidos y escurridos los macarrones se van acomodando en un platón, que estará untado de mantequilla, poniéndoles una capa de queso de gruyere, ó queso seco corriente, otra de jocoqui muy espeso; teniendo cuidado que la última sea de jocoqui y queso; luego se pone el platón en una hornilla que estará tibia y se le pone un comal con lumbre para que acabe de dorar.

SOPA DE OSTIÓN CON VINO.

Se fríen en manteca y aceite, cebolla muy picada, jitomate asado y molido, perejil, ajos picados y pimienta en polvo; luego los ostiones con un poco de caldo bien sazonado: se vacía todo en otra cazuela que contenga harina dorada en manteca, la suficiente para espesar. Después de haber hervido un poco y ya fuera de la lumbre se le agrega vino tinto.

SOPA DE HUEVO.

Bien lavadas unas tripas de res, se rellenan con lo siguiente: chorizo desmenuzado, cebolla, perejil y jamón picados, todo menudito y revuelto con huevos, polvo de pimienta y sal; con esto se rellenan las tripas, se ponen en agua hirviendo á que se cuezan, se cuelgan después de cocidas para que escurran. Al siguiente día se hace un caldillo con recaudo menudito, perejil, ajo y una hojita de apio, sazonándolo con suficiente caldo; córtense luego unas rebanadas del relleno, ya despojadas de la tripa y pónganse con el caldillo cuando esté hirviendo, cuidando que no se desbaraten.

OTRA DE MENUDO.

Se frié en manteca cebolla, jitomate, tiras de chile verde, ajo y perejil; agréguense á esto menudo de res ya cocido y partido en trocitos y sazonándolo con algo de su mismo caldo se deja hasta que quede seco.

Úntese una cazuela de manteca y polvo de harina, para acomodar en élla una capa de pan frito, otra del menudo, polvo de queso seco rallado y semillas de cilantro tostadas y molidas; en seguida se pone á dos fuegos para que acabe de secar.

OTRA DE CHÍCHAROS.

Los chícharos deberán ser sécos como los garbanzos; después de cocidos con la correspondiente sal y unos ajos se muelen con reba-

4

nadas de pan dorado en manteca; por separado se muele un jitomate asado, cebolla y perejil; se frié ésto y se le agregan los chícharos, bastante caldo, y un terroncito de azúcar; cuando haya sazonado se le añade una bolita de mantequilla.

Para servirse se le pone un poco de vino jerez y pan frito en manteca.

OTRA DE BETABEL.

Cocidos los betabeles y escurridos del agua, se muelen con poco chile ancho desvenado, se le mezcla biscocho frío, queso, pimienta y nuez moscada, todo en polvo; con esto y unos huevos batidos y la sal necesaria se hace una tortilla en manteca, que se divide en alfajorcitos, y ya frios se ponen en caldo bien sazonado y se sirve.

OTRA DE CONSOMÉ.

Por espacio de veinticuatro horas se ponen á cocer huesos que en las reces llaman de carrete, una gallina, un pedazo de carnero, y ajos machacados.

Estando para terminar el perfecto cocimiento se le pone garbanzos, nabos y zanahorias á que se ablanden mucho para poderse colar en caliente por una servilleta, para servirse con pan dorado en manteca, y polvo de pimienta.

OTRA DE PESCADO.

Se cocen unas cabezas de vagre con sal y una hoja de laurel.

En manteca y aceite se frién cebolla, jitomate, ajo y perejil, todo picado se le pone ha este recaudo, harina dorada en manteca y la suficiente agua para dejar un caldillo bien sazonado; ya fuera de la lumbre se le agrega la carne de las cabezas, vino blanco y accite; se sirve aguada y con pan dorado en manteca.

SOPA DE SALCHICHAS.

En un poco de caldo sustancioso se ponen unas salchichas trufadas ya desbaratadas, y se sirve con pedacitos de pan fritos.

SOPA JULIANA.

Con una cucharita de fierro, á propósito, se hacen bolitas de zanahoria, nabo y papas.

Se frié en mantequilla una poquita de cebolla picada y puerro, se le pone luego las bolitas y un puño de chícharos á que se medio frían; en seguida agua, consumida ésta se le agrega el caldo necesario para que acabe de cocer. Si se quiere se sirve con pan.

OTRA.

Se frié jitomate asado y colado, cebolla molida y perejil picado; después se le ponen zanahorias, nabos, papas, col china rebanada y lechuga blanca; ésto se coce con agua, después se le pone caldo para que acabe de cocer, la verdura se desbarata y cuela en un cedazo, y se sirve con una poca de salsa inglesa y pan frito.

SOPA DE ARROZ CON VINO.

Se pican cuatro onzas de jamón de oso, y se frién en cuatro onzas de mantequilla, se le pone caldo bastante para que no quede espesa, cuatro onzas de arroz lavado; luego que esté bien cocido el arroz se le pone vino jerez.

SOPA DE SAGÚ.

Se muele cebolla y jitomate, y se frién en manteca, se le pone caldo y sagú en grano calculando una cucharada para cada persona, dejándola que hierva hasta que el sagú se vea trasparente se le pone una rama de perejil y otra de apio; se sirve, si se quiere, con pan frito.

SOPA DE ACEDERAS.

Partes iguales de acelgas y acederas se frién en mantequilla y se les pone caldo y otro tanto de leche, dejándola hervir para que sazone, y se sirve con pan frito.

OTRA DE YEMAS.

Se frié en manteca jitomate asado y colado, habiendo frito antes en la misma manteca, tantita harina; en seguida se le pone caldo en el que se han desbaratado las yemas cocidas, las claras se le ponen picadas y una poquita de salsa inglesa y rebanadas de pan fritas.

SOPA DE FIDEOS GORDOS.

Se cocen los fideos y en una cazuela untada de mantequilla se pone una capa de estos y un poco de jitomate cocido y colado en caldo, una poca de mantequilla y queso seco rallado; se sigue así hasta dejar la última de jitomate y queso; se pone á fuego manso hasta que se consuma el caldo; se sirve seca.

OTRA.

Se medio frién en mantequilla y se quiebran los fideos, poniéndoles caldo en seguida y hojas de perejil; cuando esté para secarse se le agrega queso extranjero.

SOPA DE OSTIONES EN CALDILLO DE CHÍCHAROS.

Se ponen á cocer los ostiones y en el mismo caldo se hace la sopa.

Se frié en manteca cebolla picada muy fina, luego se le pone el caldo de los ostiones, chicharos cocidos, jitomate asado; ésto molido y colado se le agregan los ostiones y se deja hervir para que sazone; poco antes de sacarla de la lumbre se le pone una poca de leche.

Segunda parte.

CARNES.

ASADO MEXICANO.

Se ponen de un día para otro los lomos de res en infusión de vinagre de castilla; al siguiente día se acomodan en una cazuela con agua, vino, ajos machacados, pimienta, hojas de laurel y manteca; cuando se dore se aparta de la lumbre. Para cada lomo un cuartillo de vinagre y otro de vino carlón.

OTRO ASADO.

Después de rebanado el lomo de res se pone en una olla con jitomate también rebanado, chorizo, pimienta, harina, aceitunas, tornachiles, un poco de vino jerez, manteca y agua; se deja en la lumbre hasta que se cueza y que dé un caldillo regular.

ASADO DE CARNERO

Cocida la pulpa de carnero se frié en bastante aceite, y en el mismo se fríen jitomates y ajos molidos, perejil, yerba buena picada, jamón cocido, sal, pimienta, clavó y canela; cuando todo ésto esté bién frito, se le agrega la carne para que hierva y espese la salsa.

ASADO.

Se pone en una cazuela el lomo untado con sal y se le agrega manteca, un clavo molido, ajo, tomillo, unas hojas de laurel y el jugo de una naranja agria, se pone á la lumbre tapando la cazuela con otra más chica para que no se salga el vapor; cuando esté suave se saca y se sirve con ensalada.

OTRO ASADO.

Se le pone al lomo poca manteca, un polvo de pimienta, ajos, tomillo, orégano, mejorana, sal y vinagre: al siguiente día se pone á la lumbre tapando la cazuela; cuando esté cocido se le quita el caldo y se le pone mantequilla para que se fria.

Este se sirve con papas vaporadas.

OTRO.

Después de rebanado el lomo, se machaca y se pone en una olla con espuma del cocido y un poco de caldo del mismo, agregándole tomillo, mejorana, poco vinagre y sal; se pone en la lumbre tapando la boca de la olla; cuando esté cocido se saca y se frié, en seguida se le vuelve á poner el caldo en que se coció y se deja hervir hasta que se le forma una salcita espesa: para servirla se adorna con rebanadas de jitomate, calabacitas y cebollas; todo ésto se habrá cocido con caldo.

OTRO.

Se machaca el lomo en un metate, con la mano del mismo. Se muele tomillo, mejorana, clavo, pimienta, ajos y sal; con ésto se unta la carne, agregándole vinagre: se pone en un traste apretándose con otro; al día siguiente se le quita el caldo que haya escurrido y se frié en manteca, cuando está se pone una poca de agua y se deja en la lumbre hasta que esté snave, entonces se le quita el caldo y sé acaba de dorar con mantequilla.

OTRO.

Se toma un lomo de res, se le quitan los gordos y se pone en vinagre, dándole unas cortadas, en estas se le ponen ajos, jamón, chorizo, pimienta y clavos, otro día se frié y se le pone bastante cebolla, tomate picado, pedacitos de nabo, cebollitas enteras y papas; todo ésto se pone á cocer á dos fuegos, y cuando haya hervido se le agrega vino carlón y perejil.

ASADO CON CHÍCHAROS.

Se pone el lomo en una olla con manteca y sal; cuando está algo frito se le echa la espuma del cocido y se deja sancochar, luego se le pone agua para que se acabe de cocer; se cocen unos chícharos con un pedazo de tequesquite; después de cocidos y lavados se muelen. Se frié cebolla, jitomate y ajo menudito, y allí se echa el chícharo molido con caldo del cocido, aciete, vinagre y el lomo; después que haya hervido en esta salsa, se aparta de la lumbre y se le pone un polvo de pimienta.

OTRO ASADO.

Se pone el lomo en una olla con sal y manteca, cuando esté frito se le pone agua para que se suavice. Se sirve con lo siguiente: se dora una poca de harina y se le pone cebolla, ajo picado y jitomate exprimido, en esta salsa se pone el lomo rebanado con el agua en que se coció.

OTRO.

Se corta el lomo en trozos y se pone en una cazuela con manteca, papas crudas rebanadas, sal, vinagre y pimienta molida; ésto se pone en la lumbre y se está meneando hasta que se fría; luego se le hecha una poca de agua para que se acabe de cocer y se le forma una salsa.

OTRO.

Se corta el lomo y se machaca con unos dientes de ajo y un pedazo de jamón; se unta una cazuela con bastante manteca y allí se pone el lomo con jitomate asado y exprimido, nabos cocidos y picados, perejil, una ramita de ruda, un cnarto de vino jerez y pimienta: se pone á cocer á dos fuegos.

LOMO DE TERNERA ESTOFADO.

Se corta el lomo en trechos cortos, pero que no traspase las sisuras, se adobarán estas con sal, cominos, clavos, pimientas, ajos, todo molido, y un poco de vinagre, así se quedará hasta el día siguiente que se freirá en suficiente manteca, junto con tiras de jamón y trozos de salchicha, y así que esté frito se le ponen ajos, jitomates asados, cebollas rebanadas y chile verde en tiras; cuando ésto se haya también frito se le agregará el agua necesária, jugo de naranja dulce, tomillo, especies de las mismas con que se adobó, harina dorada en manteca y á dos fuegos se dejará cocer. Se adorna con aceitunas y torna-chiles.

GUISADO DE LOMO DE RES.

Se frié el lomo con manteca y sal, se deja cocer con el caldo que haya soltado, agregándole agua para que quede muy suave. Se dora una poca de harina, y cuando esté, se le pone cebolla y ajo picado, y jitomate exprimido, cuando esto esté bien sazonado, se le pone el lomo rebanado y el caldo en que se coció.

ASADO EN HORNO.

Se le dán al lomo bastantes piquetes con la punta de un cuchillo, se machaca con la mano del metate y se pone en una cazuela con un trozo de mantequilla y pimienta, clavo, ajo, mejorana y sal; ésto molido con un poco de vinagre. Una hora antes de servirse se mete al horno que estará caliente, se hacen las brazas por los lados y se pone la cazuela en medio, media tapada con un comal, se tapa también la boca del horno, teniendo cuidado de destaparlo para voltear el lomo, cuidando de que no se pegue; cuando esté suave se saca y se sirve con ensalada.

OTRO.

Después de golpeado el lomo, se mecha con ajos y se le pone sal, vinagre, agua, pimientas enteras, manteca cruda y poca harina; se deja reposar un rato para meterlo al horno: éste se sirve con ensalada.

LOMO DE PUERCO

Dos libras de lomo se ponen en una cazuela juntamente con hojas de laurel, sal, pimientas y mejorana. Se muelen con vinagre diez y seis granos de comino, la tercera parte de una nuez moscada y bastantes pimientas. Una hora antes de servirse se mete al horno, sin tapar la cazuela, sólo la boca del horno, teniendo cuidado de estar volteando el lomo para que no se pegue.

———

LOMO DE TERNERA ESTOFADO.

Cortadas las raciones del lomo, se ponen en una olla con sal, manteca, cebolla rebanada, chiles verdes enteros, ajos y jitomates picados, alcaparras molidas con un chile ancho desvenado, clavos, pimientas, canela, vinagre y el agua necesaria; cuando esté cocido se espesa con pan frito y molido.

———

OTRO.

Después de cocido el lomo, se freirá en manteca con sal y ajos molidos; y así que esté se

freirá también con la carne, jitomates molidos,
y estando chinos, se les pone caldo, clavos, pimienta y cominos, todo molido, tomillo, laurel, vinagre, azúcar, pasas y almendras; y á
dos fuegos se acabará de sazonar.

LOMO DE TERNERA RELLENO.

Estando hecho cecina y extendido el lomo
se untará de limón y sal, estará así todo el
día, en la noche se pone en agua; al siguiente
día, después de bien escurrido se unta con bastante manteca y se rellena con lo siguiente:
se fríen en manteca, con sal, jitomates, cebollas, ajos y chiles verdes, todo picado; y se sazona con clavos, pimienta, canela gengible en
polvo, perejil picado, un poco de caldo, chorizo rebanado y cocido, huevo en trocitos, alcaparras y tornachiles; cuando ya esté sazonado
y seco se acomoda en el lomo y se envuelve
amarrándolo con unas hebras de hilo, se pone
en una cazuela honda y recogida, con sal, vino
jerez, agua, vinagre y manteca se cuece á dos
fuegos y después de seco se deja freir en su
misma manteca; después de frío se rebana y se
pone en la salsa siguiente: después de cocidos
unos jitomates se muelen juntos con almendras peladas; se frié en manteca, cebolla y ajo
picado, poniéndole en seguida lo molido para

que también se fría y se sazona con sal, canela, un poco de caldo, vinagre y aceite; al servirlo se le ponen aceitunas y tornachiles.

CARNE FRÍA.

Cantidades iguales de carne de puerco y res; después de picadas y molidas se amarran en un cotence para ponerse á cocer por espacio de tres horas; en seguida se saca y pone en la prensa, cuidando de que ésta no sea muy pesada, al siguiente día se saca de la prensa y para servirse se le pone la salsa siguiente: Se cuece jitomate, una ramita de perejil y un huevo, ésto se muele y pone á freir en manteca, sazonándolo con vinagre, aceite y polvo de pimienta; se puede adornar con cebolla cocida y deshojada, aceitunas y hojas de lechuga.

LOMO FRÍO.

Se pone á cocer el lomo de res con vinagre, polvo de pimienta, sal y perejil; cuando ya se baja de la lumbre se le agrega vino carlón y aceite: se sirve con ensalada de papas, y adorna con calabacitas rebanadas y perejil picado.

OTRO.

Se machaca el lomo de res con longaniza, jamón pedazos de cebolla, tomates y ajos; en seguida se pone á cocer con agua, vinagre, laurel, mejorana, tomillo y manteca; cuando esté suave se saca y se pone en una salsa de jitomates asados, molidos y fritos, agregándole el caldo en que se coció el lomo; se deja hervir para que consuma un poco, entonces se quita de la lumbre y se le ponen ruedas de cebolla, perejil y lechuga.

OTRO.

Se hace cecina el lomo, se le embuten unos dientes de ajo y se le pone vinagre; al día siguiente se le quitan los ajos; se enjuga y mecha con jamón, chorizo, ramas de tomillo y pimienta, después se enrolla, ata con un mecatito para ponerlo á cocer con vinagre, agua y sal hasta que esté suave: entonces se rebana en un platón y se le pone aceite, vinagre, ruedas de cebolla, alcaparras y chiles en vinagre.

OTRO.

Se pica una libra de carne de res y otra de

puerco, se muelen y se les pone sal, tres huevos quebrados, media nuez moscada, poca pimienta, una onza de almendras, otra de pasas deshuesadas, todo molido, cuatro onzas de
jamón picado y una copa de jerez; después se
bate todo y se hacen dos lomitos, estos se ponen á freir, cuando ya estén bien dorados por
uno y otro lado, se les agrega otra copa de jerez y dos tazas de caldo, se tapan para que
se acaben de cocer; cuando ya estén secos, se
sirven untados de mostaza y cubiertos de alcaparras.

LOMO FRÍO DE PUERCO.

Después de lavado el lomo se pica y en bolas se pone á cocer con agua, sal y chorizón.

Se frié en manteca cebolla, ajos, jitomates.
chile verde, todo picado; estando frito, se le
pone el lomo y el chorizón, quitada la tripa y
vuelto á picar se sazona con polvo de clavo,
pimienta y azafrán, perejil picado, un poco de
caldo y alcaparras; cuando esté seco se le
agregan aceitunas, trocitos de huevo cocido,
aceite y vinagre; con este picadillo se rellena
un lomo, haciéndolo cecina y poniéndole sal;
después de relleno se envulve y ata para ponerlo
á cocer á dos fuegos, con agua, manteca, vino,
vinagre y sal; al día siguiente, se le quitan las

hebras, se rebana y pone en esta salsa: se fríen en manteca ajos picados, chile verde en tiras, jitomates asados y molidos con unas alcaparras; cuando ya esté frito, se le agrega sal, clavos en polvo, pan tostado y molido, el caldo en que se coció el picadillo, aceite y vinagre.

LOMO DE PUERCO EN MANCHA
MANTELES.

* Chiles anchos desvenados y molidos con piñones, nuez, jitomates cocidos, pan frito, clavo y canela; se freirá en manteca con sal para ponerle luego el lomo rebanado y cocido con el caldo en que se coció, jamón en tiras, pera rebanada, cebollas cocidas y deshojadas, azucar y vinagre.

OTRO.

Se tuestan almendras, semillas de calabaza, pepitas de chile, ajonjolí y se muelen con jitomates asados y chiles anchos remojados; después se frié todo en manteca con sal, para ponerle el lomo después de cocido, longaniza y calabacitas también cocidas, vinagre, azucar y valdo; se adorna con aceitunas y chilitos en cinagre.

OTRO.

Se molerán chiles anchos tostados y desvenados, con pan frito, ajos y clavos; después de frito ésto en manteca se le pone el lomo con el caldo en que se coció, orégano, vinagre, azúcar y un poco de chocolate molido; luego que espese se aparta de la lumbre.

———

¡OTRO CON CHÍCHAROS.

Se molerán chiles anchos remojados, ajos y cominos; estando frito ésto se le pone vinagre, el lomo, chorizo y los chícharos, todo cocido; éste no ha de quedar espeso,

———

FILETE DE PUERCO Á LA BOLONIA,

Después de quitada la grasa al lomo sin dejar de élla más que un centímetro de espesor, se enrolla cubriéndole con ojas de salvia y atándolo con un hilo, y en seguida se pone en vinagre dos ó tres días con clavos ó la cortesa de un limón, después de los cuales se pone en una cazuela con la mitad del vinagre una taza de caldo desgrasado, sal, pimienta, dos cebollas y algunas zanahorias cortadas en pedazos, se pone á cocer dos ó tres horas, colocándolo en seguida en una fuente para ponerle la salsa en que se coció y el sumo de un limón.

———

FILETE DE RES CON LECHE.

Se unta el filete con vinagre y aceite, se mecha con jamón, ajo y pimienta, se pone á dorar en manteca y estando se le agrega un cuartillo de leche y la sal correspondiente, cuando haya resecado se le pone un poco de caldo para que quede en una salsa espesa.

———

OTRO CON ACEITUNAS.

Se limpia y quitan bien los nervios del filete, se dora en manteca, se le pone jitomate molido con aceitunas, un pedazo de pan y un chile guajillo, se baja con vinagre, se le pone un poco de caldo, aceite, laurel y tomillo, se deja secar para rebanarle.

OTRO.

Se unta el filete de nitro, sal y limón; se mecha con dientes de ajo, clavo, canela y pimienta, se deja así por espacio de dos horas;

luego se lía y se pone á cocer con agua, vinagre, sal, cebolla, ajos, pimientas, jengible, laurel, tomillo y clavos; después de cocido se rebana y se le pone por adorno picles, aceitunas, aceite y cebolla fina.

ASADO CON VINO.

Se le pone á un pedazo de carne de res, nitro y sal, se deja en caldillo de naranja agria veinticuatro horas: despnés de este tiempo se frié en aceite y manteca, mechándola antes con jamón cocido; cuando haya dorado se le pone el agua suficiente para que se cueza á fuego lento; luego que haya secado se aparta de la lumbre y se le agrega vino blanco.

LOMO DE PUERCO, RELLENO.

Se hace cecina el lomo y se rellena con picadillo sazonado con cebolla, jitomate, ajo y calabacita, todo picado y frito, clavo canela molida y un pedacito de azúcar: después se cose con una hebra para que quede largo ó redondo según la figura que se quiera y se pone á cocer en agua ó caldo, echándole un poquito de tomillo y vinagre; después de cocido se frié, y se sirve con ensalada ó salsa cruda.

LOMO DE PUERCO FRÍO.

Se desgrasan bien los lomos y se les pone bastante sal y nitro; al siguiente día se les agrega clavo, pimienta y canela en polvo; en seguida se envuelve en cuero de puerco pelado y crudo, y se lía muy bien con hilillo para cocerlo en agua con sal y hojas de laurel; luego que esté suve se saca y se prensa: al siguiente día se sirve con ensalada.

OTRO FRÍO,

Después de hacerse cecina el lomo se le pone sal, pimienta y se deja un rato: después se extiende y se le van poniendo una hilera de betavel, otra de tornachiles, y otra de zanahorias, todo cocido; en seguida se enrolla y lía para ponerlo á cocer con agua, vinagre, tomillo, orégano, laurel, pimienta y unos dientes de ajo; al día siguiente se hacen ruedas, se ponen en el platón con vinagre, aceite, polvo de pimienta y aceitunas.

OTRO.

Después de quitarle al lomo todos los gordos

se pone en un trasto con vinagre y sal doce horas, se saca y mecha con jamón, pasas, almendras, clavos, pimienta, tornachiles en vinagre; después se vá haciendo un rollito muy apretado y se moja con aceite y vino jerez, se envuelve en un cotense, amarrándolo perfectamente para ponerlo á cocer unas cuatro ó cinco horas; en el agua en que se cuece se le ponen unas hojas de laurel; ya cocido se pone á estilar, cuando esté frío se cortan rueditas y se sirve con bayonesa.

FILETE DE TERNERA.

Después de mechado el lomo con jamón se acomoda en una fuente larga y se le ponen tajadas de limón y cebolla cruda, vastante aceite para que se impregne bien la carne y un polvo de sal y pimienta; después de un cuarto do hora se voltea el lomo del otro lado y se aderesa lo mismo que el anterior, pasado otro cuarto de hora se envuelve en papel vien untado de aceite y atado con un hilo para ponerlo á cocer con el mismo aceite, cuando esté casi cocido se le quita el papel y se deja á fuego lento hasta que quede tierno: se quita la carne de la cazuela y en la misma se pone un poco de caldo, vino blanco, sanahorias y cebollas cocidas; con esta salsa se sirve el lomo, agregándole el sumo de un limón.

FILETE CON MACARRONES.

Despnés de fritas las tajadas de filete de buey, se les pone caldo para que se acaben de cocer; para servirse se colocan en el platón en forma de corona, y el centro se cubre con trufas cortadas en pedacitos cuadrados y jamón, tanto las trufas como el jamón se habrán cocido durante un cuarto de hora en un poco de caldo y vino de madera, incorporándoles macarrones de Italia que también se habrán cocido en caldo desgrasado.

PEINECILLO COCIDO Á LA
GALLINETA.

Se le quitan al peinecillo los nervios y la parte grasosa para ponerlo á cocer, y después de cocido se parte en tajadas delgadas, las que se servirán con la salsa siguiente: se frié cebolla y perejil, en seguida se le pone una cucharada de harina, sal, pimienta y nuez moscada en polvo; cuando esté sazonada, se le pone la carne para que llerva un poco; cuando ya se

vá á cervir se le mezclan dos yemas de huevo
crudas.

MIROTÓN.

Se frién cebollas cortadas en pedacitos, se
les añade media cucharada de harina para que
tome color; en seguida se les pone unas cucharadas de caldo y media copa de vino blanco,
dejándola cocer lentamente para que se consuma, y antes que se enfrié se le ponen, encima
de las cebollas, la carne cortada en telas, las
cuales se habrán cocido y frito con polvo de
pan, añadiéndoles vinagre ó el jugo de un limón.

ASADO DE CARNERO.

Las pulpas de carnero se mechan con clavo,
canela, pimienta, dientes de ajo, pasas y almendras; se ponen á cocer con vino de parras, agua,
vinagre, jitomate picado, un terrón de azúcar,
sal y manteca: ya cocido se pone en una cazuela donde se habrá frito chile ancho desvenado y molido, dejándolo á dos fuegos para
que se forme bien el asado.

FILETES DE CARNERO.

Cortados los filetes en lonchas delgadas, se golpean ligeramente por ambos lados y se mechan con jamón.

Se cocen en vinagre, cebollas, tomillo, una hoja de laurel y una cabeza de ajo, con sal y pimienta; en este vinagre se pone la carne durante veinticuatro horas; al cavo de este tiempo se dejan escurrir y se ponen en un asador de madera, atado en un asador ordinario y se ponen á la lumbre para que se asen; en seguida se colocan en una fuente en forma de corona y se sirven con una salsa de tomates, caliente.

ESTOFADO DE CARNERO.

Despúes de fritas las raciones de carnero se les pone vinagre suficiente para que se cubra la carne, sal, clavo, canela, y pimienta molida; cuando esté cocida se aparta de la lumbre para ponerla en la salsa siguiente: se doran unos ajos partidos en la manteca, y se muelen juntos con jitomates asados; en seguida se fríen y se les pone la carne para que á dos fuegos acabe de sazonar.

ADOBO SECO.

La carne se coce con agua, vinagre, sal, manteca, chiles colorados molidos con ajos, clavos y cominos; en seguida se pone en una cazuela con manteca requemada y se deja á dos fuegos hasta que se consuma.

Para servirse se le ponen rebanadas de cebolla.

LENGUA REBANADA

Se pela en crudo y hace cecina se le pone una tela de lomo de puerco, se echa en vinagre con ajos machacados, laurel, sal, nitro y pimienta, al siguiente día se lía y enrrrolla con un cordón para ponerla á cocer en otra agua con vinagre, sal y pimienta; después de cocida se tiene un día en la prensa para hacer unas rebanaditas delgadas que se adornan con lechuga y rabanitos.

OTRA.

Esta se lava hasta quitarle lo pegajoso y sin golpearla se pone á escurrir dándole unos piquetes para introducirle vastante sal y nitro, en seguida se pone sobre una tabla inclinada para que prensada se escurra.

Á los ocho días se pone á cocer con vino, agua, vinagre y hojas de laurel.

OTRA.

Cocida con especies, agua, sal y caldo de naranja se despelleja y se hacen rebanaditas, poniendo una tela de estas y luego pimienta, aceite, vinagre y sal, perejil picado y cebolla menudita; después de prensada se adorna con aceitunas.

LENGUA MECHADA.

Ya cocida y limpia del pellejo, se hacen raciones iguales mechadas con tiras de jamón cocido y se acomodan en una cazuela con cebollitas cocidas en cuartos, clavo y canela molida, perejil picado, un poco de orégano, harina dorada en manteca, alcaparras, vino de uva, algo del caldo en que se coció la lengua, po-

niéndola á dos fuegos para que consuma: de-
viendo quedar en un caldillo espeso.

———

LENGUA GUISADA.

Se asan y muelen ajos con cebollas, alcaparras y perejil; se frién en aceite con sal, se le
pone agua caliente, harina dorada en manteca,
clavo, canela y pimienta, todo molido; después
que haya hervido se le pone la lengua muy
bien cocida y en rebanadas; cuando ya esté sazonada, se le mezcla vino blanco y tajadas de
huevo cocido.

———

OTRA.

Se pone á cocer la lengua, se pela y se hace
rebanadas.

Se unta una cazuela de manteca y se ponen
rebanadas de lengua, capas de recaudo crudo,
col picado y cocido, polvo de pimienta, aceite,
vinagre y jerez; se deja á dos fuego para que
se acabe de cocer.

———

LENGUA FRITA.

Después de cocida con agua y sal se rebana y se pone en caldo de naranja agria tres ó cuatro horas, después se revuelca en polvo de pan con pimienta, se frié y se adorna con fruta en vinagre y cebollas.

LENGUA RELLENA.

Se hace cecina la lengua, se le pone un polvo de sal, pimienta y poco vinagre, se cubre con un cotense mientras se prepara el relleno, como sigue: se doran en la manteca cebollas, ajos, jitomates, todo picado menudito; así que está frito, se le echan ejotes, chícharos y papas rebanadas, todo cocido; cuando esté sazonado, se le pone á la lengua, amarrándola con un hilillo para ponerla á cocer en agua con tomillo, mejorana y una cabeza de ajo; así que está blanda, se saca, se pela y se vuelve á poner al fuego, añadiéndole cebollas enteras, y jitomate picado, dejándola para que acabe de sazonar.

LENGUA MECHADA.

Después de golpeada la lengua contra una piedra se coce con sal; luego se pela y se hacen raciones, mechándolas con tiras de jamón cocido; en seguida se acomodan en una cazuela con cebollas cocidas y partidas, pimienta y canela en polvo, un poco de orégano, harina dorada en manteca, vino de parras y un poco de su caldo: se pone á dos fuegos hasta que consuma y quede en un caldillo algo espeso.

OTRA.

Dispuesta como la anterior hasta estar mechada, se medio freirá en manteca, y en la misma se pondrán alcaparras, pan frito y unos ajos, todo molido, y así que haya esto frito, se le agregará vino, cebollitas cocidas, y se finalizará como la anterior.

LENGUA TAPADA.

Se rebanará cebolla delgada, ajos y jitomates picados, chile verde en tiras, y en una cazuela con manteca fría y sal se pondrá esto á freir, y luego que esté, pero no muy frito, se untará una cazuela con manteca y se pondrá una capa de este recaudo y otra de rebanadas delgadas de la lengua ya cocida y desollada, agregándole pimienta, clavo y canela en polvo y aceitunas; así se irán poniendo capas, y estando concluido se le pone con cuidado un poco de caldo con bastante vino de parras; cuando esté bien empapada se mete al horno ó se pone á dos fuegos para que consuma.

***

ASADURA DE CERDO.

Se pica cebolla, ajos, jitomates, tomates y chile verde, se muele clavo, pimienta, canela, y todo esto junto se incorpora con la asadura que estará limpia y picada; agregándole sal, un redaño también de cerdo, hecho pedacitos y vino para que se moje bien, todo esto se envolverá en otro redaño, y atado con unas hebras se pone á cocer en una olla, sobre unas varitas, con vino y agua, tapando bien la olla para que no se evapore; así que esté cocido se saca y se le quita á la olla el agua, se vuelve á echar la asadura con una poca de manteca, hasta que se tueste el redaño, entonces se vacía en una cazuela poniéndole vino blanco para que acabe de sazonar.

***

ASADURA VERDE.

Después de cocida en agua, con sal y ajos se pica y en manteca se freirán ajos y cebolla picada; en seguida se le agrega bastante perejil molido junto con pan frito, clavos y pimienta; cuando todo esté remolido se le pone la asadura para que se fria, y estando, se le pone el caldo colado, vinagre y bastante aceite; con esto se deja hervir para que sazone.

ASADURA ADOBADA.

Desvenados y remojados chiles anchos se muelen con ajos, cominos, clavo, pimienta y pan mojado en vinagre; se frié todo esto en suficiente manteca con sal; ya que esté se le pone la asadura cocida con tiras de jamón; luego que esté frito todo se le agregan pasas, almendras, aceitunas, vinagre y el caldo de la asadura, se pone á dos fuegos hasta que quede espesa y sin caldo, se aparta de la lumbre y se le pone aceite y tornachiles en cuartos.

OTRA.

Cortada la asadura en crudo se pondrá á quemar media libra de manteca para cada una, y allí se echará á que se fría con sal; cuando ya esté frita se le ponen chiles anchos desvenados, remojados y molidos con ajos y cominos, y cuando haya frito se le agrega orégano, vinagre, el zumo de dos limones, aceite y el agua necesaria para que quede bien cocida, poniéndole fuego arriba; se cuidará de moverla y cebarle agua caliente si le faltare cocimiento y se deja hervir hasta que quede enteramente seca.

ASADURA FRITA.

Cocida y picada la asadura se frié en suficiente aceite y manteca, con suficientes ajos molidos, pimienta y clavo, cuando ya esté frita se le pone polvo de pan para que acabe de secar.

OTRA MECHADA.

Limpia y quitado el gorgüello, se hace toda cisuras, y se unta bien de vinagre con sal y ajos molidos. Se mecha con tiras de jamón cocido revolcadas en polvo de sal, pimieta, clavo, orégano y tomillo: en una cazuela extendida, untada de manteca y espolvoreada de las mismas especies, se acomoda la asadura envuelta en un redaño de cerdo, no entera sino divididos los bofes del hígado y corazón, cui-

dando que quede extendida y bien envuelta en el redaño; se le pone agua, vino, sal, manteca y más especies; se mete al horno y cuando consuma se deja
freir un poco en su manteca.

ESTOFADO NEGRO DE CARNERO.

Se mechan raciones de pulpa de carnero con tiras
de jamón, dientes de ajo, clavos y rajas de canela;
puestas en una cazuela se les echa ajos molidos, vino, poco vinagre y sal; al día siguiente se sacan del
adobo para freirse con manteca, en una olla; estando fritas, se les pone el adobo con clavos, canela,
pimienta, nuez moscada, un terroncito de azúcar,
alcaparras y el agua necesaria para que se coza la
carne; estando ya cocida se espesa con pan frito en
manteca, subido de color; para servirlo se le ponen
aceitunas.

OTRO DE ALMENDRAS.

Mechadas las pulpas como las anteriores, se frien
en manteca con sal, y ya fritas se cubren con vino
de parras, poco vinagre, jitomates asados, clavo, canela, pimienta molida, un terrón de azúcar y almen-

dras; se tapa la olla con masa, se mueve tomando la olla en las manos y cuando se reconozca estar, se le agregan almendras bien molidas deshechas en caldo ó vino para espesar; pero no ha de hervir con ellas.

OTRO DE AGUARDIENTE.

Las pulpas de carnero mechadas como las anteriores se ponen en una olla con sal, manteca, agua, poco vinagre, azúcar, tomillo, mejorana y aguardiente; se tapa la olla con masa, se pone al fuego y cuando se conozca estar consumida se vacía en una cazuela, en la que se habrán frito jitomates asados, hígado de carnero cocido, todo molido; se deja hervir hasta que quede seco.

OTRO ESTOFADO DE CARNERO.

Las pulpas de carnero se mechan con pasas, almendras, dientes de ajo, clavos, pimienta y rajas de canela; se ponen á cocer en una olla cubriéndolas con vino dulce, poco vinagre, un terrón de azúcar, agua, jitomate picado y manteca; así que estén cocidas se vacían en una cazuela, en la que se habrá frito un poco de chile ancho desvenado y molido, y á dos fuegos se acabará de cocer.

OTRO.

Se cortan las pulpas en trozos, se ponen en una olla con sal, manteca y ajos molidos; así que estén fritos se les agrega bastante vino blanco, poco vinagre, clavos, pimienta y orégano molido; si queda aguado, se espesa con pan frito.

PIERNA DE CARNERO MECHADA.

Lavada y majada con la mano del almirés se mecha con tiras de jamón, ajos y clavos: puesta en una olla con manteca se le echa sal, agua, vinagre, pimienta, nuez moscada y ajos, todo molido; se tapa la olla y se pone al fuego, ya que esté tierna se vacía en una cazuela para que acabe de consumir.

OTRA.

Con todo se dispondrá lo mismo que la anterior, agregándole clavos, cominos y orégano, cuando esté cocida se le pone una salsa de almendras tostadas, jitomates asados y pimienta; todo molido, aceite, vinagre y perejil picado.

OTRA.

Dispuesta como las anteriores se pone á cocer con agua, sal, manteca, mejorana, laurel, tomillo, ajos, pimienta y clavos molidos; cuando esté cocida se sirve en su misma manteca.

PIERNA ESTOFADA.

Mechada como las anteriores se coce con agua, sal y manteca; cuando esté consumido el caldo se le ponen bastantes clavos, vino y canela molida, cuidando de voltearla para que no se queme; consumido el caldo se deja freir hasta que se dore.

PULPAS DE VENADO MECHADAS.

Después de bien desangradas y enjuagadas se mechan con tiras de jamón revolcadas en sal, pimienta con ajos, clavos y rajas de canela: puesta en una cazuela se adoban con chiles anchos tostados, desvenados y molidos con ajos, clavo, pimienta, cilantro tostado, todo molido é incorporado con vino, vinagre, sal, orégano y lima rebanada; al día siguiente se ponen en una olla con agua y manteca; cuando estén cocidas se quema manteca en una cazuela y allí se ponen para que á dos fuegos se acaben de secar; en seguida se adorna con rebanadas de cebolla y chilitos en vinagre.

COLAS DE CARNERO.

Se ponen después de limpias en un adobo de ajos
molidos con clavos, cominos, pimienta, un poco de
vinagre, sal, tomillo y mejorana; al día siguiente se
ponen á cocer con el agua necesaria y así que estén
cocidas y consumido el caldo se envuelven en suficiente pan rallado con polvo de sal-pimienta y cada una se ponen en un papel bien untado de aceite,
envolviéndolas para ponerlas en la parrilla á fuego
suave, cuidando que queden bien fritas en sus papeles.

———

PATAS DE CARNERO.

En manteca requemada cona hrina y bastante caldo desengrasado; se ponen á cocer las patas, que estarán ya limpias y desprovistas de su hueso princi-
pal; esto se hará escaldándolas y enfriándolas en
agua.

Después de cuatro ó sinco horas de cocimiento á
fuego lento, se sacan de la manteca, y en la misma,
se ponen cebollas y perejil menudamente picados; si
la salsa no estuviere bastante espesa, se le pone media cucharada de harina mojada con un poco de caldo, se ponen de nuevo las patas en esta salsa y una
vez que esté bien caliente, pero sin ervir, se le des-

9

baratan tres yemas de huevo, momentos antes de que se sirvan.

PATAS DE CARNERO MARINADAS Y
FRITAS.

Después de cocidas, como las anteriores, se dejan escurrir, y cuando estén frías se les pone vinagre, sal, pimienta, hojas de laurel y tomillo: un cuarto de hora antes de freirlas se sacan del vinagre, y para freirse se cubren con la pasta siguiente:

En agua caliente se disuelve mantequilla, harina, sal y una poca de buena serveza, cuidando de que quede perfectamente lisa; ni demasiado espesa, ni demasiado clara; cuando ya este bien caliente, se le incorpora clara de huevo bien batida: con esta pasta se cubren las patas, y se ponen á freir hasta que tomen color, se adornan con perejil frito.

PATAS DE PUERCO.

Se frié chorizo y ajos pelados, ya fritos se sacan y se frié cebolla picada, y en estando se le pone el chorizo y los ajos con sal, clavos, canela y pimienta, todo molido, vino suficiente, pasas y las patas ya cocidas y deshuesadas, se dejan hervir hasta que quede espeso el caldillo.

OTRAS PATAS.

Cocidas y deshuesadas, se envuelven en harina, y se fríen en manteca; sacadas de ella, se echa cebolla rebanada delgada, ajos picados, chile verde en tiras, jitomates asados y molidos juntos con alcaparras; y ya fritos, se le agrega tomillo, vinagre, aceite, las patas y un poco de caldo; cuando ya estén sazonadas, se adornan con chiles en vinagre.

PATAS EN TORTA.

Cocidas, deshuesadas y hechas pedazos chicos, se mezclan con almendras molidas, disueltas en poca leche, con un polvo de azúcar y yemas batidas, se ponen en una cazuela untada de manteca, cubriéndolas con más yemas mojadas con azúcar y ajonjolí; se dejan á dos fuegos, cuidando de que no se quemen.

ESPALDILLA DE PUERCO Á LA
MARINERA.

Se pone la espaldilla dos días en agua salada, después de los cuales se saca y se le ponen dos botellas de vino tinto, con pimienta, clavos, hojas de laurel, salvia y tomillo, retirada de este baño, se deja escurrir y ya seca, se mecha con gajos de naranja agria: en seguida se cubre con delgadas lonchas de tocino, se envuelve en un papel bien engrasado, se pone á cocer en el asador, cuando ya esté cocida se le quita el papel y la piel de la espaldilla, para ponerle polvo de pan y dejarla que se dore. Se sirve fría como el jamón.

CHULETAS DE PUERCO.

Cortado un lomo de puerco en tajadas muy delgadas, se frien en mantequilla con polvo de pan, sal, pimienta y perejil.

En otra cazuela se frié cebolla menuda, y se le agrega el jugo del lomo, media cucharada de harina amasada con un pedazo de mantequilla, y una cucharada de salsa de mostaza; y en el momento de servirse las chuletas se cubren con esta salsa.

OREJAS DE PUERCO Á LA CASERA.

Después de escaldadas y limpias las orejas, se ponen á cocer con cebolla, clavos, zanahorias, tomillo, laurel, sal, pimienta y bastante agua, para que queden bien cubiertas.

Después de cocidas se dejan enfriar y se cortan á lo largo, en filetes delgados, para colocarlas en una cazuela y cubrirlas con la salsa siguiente: se fríen cebollas cortadas en pedazos y se les pone vinagre y caldo desgrasado; cuando esté sazonada se cubren con ella las orejas, y se ponen encima de un fuego moderado para que hiervan por espacio de un cuarto de hora.

OTRAS OREJAS DE PUERCO.

Después de cocidas y frías se abren por la mitad para poderlas extender sin separarlas, en seguida se untan de manteca y se cubren con polvo de pan, pimienta y sal, para ponerlas en la parrilla á que tomen buen color.

OREJAS Á LA VENECIANA.

Limpias y cocidas como las anteriores, se untan con manteca y se cubren con polvo de pan y queso de Parma rallado. Se colocan en una hoja de lata, para meterlas al horno, bien cargado de lumbre, para que así se acaben de cocer.

Se sirven sin salsa y bien calientes.

OREJAS FRITAS.

Después de cocidas y escurridas, se dividen en cuatro partes para cubrirse con huevo batido como para tortas, y se fríen en manteca; se sirven con perejil también frito.

HÍGADO DE CARNERO.

Se pone á cocer con agua, sal, ajos molidos, laurel, tomillo y manteca; cuando esté cocido se le saca el laurel y tomillo, se deja consumir y cuando ya se esté friendo se le pone pan rallado con sal y pimienta.

OTRO.

Se asa en crudo untándolo de sal, ajos molidos y manteca y lo mismo cada vez que se voltee, cuando ya esté asado se pica y se sazona con aceite y vinagre, pero esto se hará cuando ya esté en la mesa.

BIFTECKS INGLÉS.

Un trozo de filete se desgrasa y se le quitan los pellejos, cortándolo en ruedas y cuidando que no queden muy gruesas ni demasiado delgadas, golpeándolo en seguida por ambos lados. Se derrite la manteca á fuego lento y se pasan por ella los biftecks por ambos lados, é inmediatamente se ponen á la parrilla para que tomen color. Se colocan luego en círculo en un plato, poniendo en el centro mantequilla amasada con sal, pimienta, perejil muy picado y jugo de limón.

El plato debe haber sido calentado antes en agua hirviendo, á fin de hacer derretir la mantequilla.

BUEY COCIDO Á LA GALLINETA.

Se pica cebolla y perejil y se frien en manteca, añadiéndole en seguida una cucharada de harina con sal-pimienta y nuez moscada rallada; ésto se moja con caldo y se deja hervir lentamente durante diez minutos.

Se toma un trozo de carne del cocido, cortándolo en pedazos delgados, se le quitan las partes grasosas y se pone en la salsa para que hierva un momento, añadiéndole para servirla dos yemas de huevo.

BUEY COCIDO Á LA MARINERA.

Se fríen en manteca cebollitas enteras y se les pone una cucharada de harina, caldo, un vaso de vino
tinto.

Se ponen los trozos de carne del cocido en una
fuente que pueda soportar la acción del fuego y se
cubren con la salsa dejándola hervir media hora á
fuego lento, añadiéndole unas papas cocidas y picadas, sal, pimienta y una hoja de laurel

---

MORCILLA BLANCA.

Se le pone á la sangre cebollas picadas, cocidas
en manteca, teniendo cuidado de que no se doren,
miga de pan mojada en leche, carne de ternera asa-
da, ó de conejo, sal, pimienta y nuez moscada; estas
sustancias se muelen separadamente y cuando está
todo bien incorporado se le agregan unas yemas de
huevo cocidas.

Despues de haber llenado con este relleno las tripas se ponen en agua con leche para cocerlas, cuidando de que no hiervan para que no revienten las
morcillas. Se retiran de la lumbre despues de pa-
sados veinte minutos y se cuelgan para que sequen
en el aire; ya cecas se rebanan y se ponen en papel
untado de aceite por ambos lados para asarlas en la
parrilla, cuidando de voltearlas.

SALCHICHON.

Picada la carne de puerco tanto de magra como de gorda, se le agrega sal, pimienta, genjible, anís todo molido y vinagre fuerte para que se humedezca bien la carne; ya incorporado todo se rellenan las tripas de res bien limpias y preparadas con sal y rebanadas de limón, se atan del tamaño que se quiera, se pican con un alfiler y se cuecen en agua hirviendo. Se ponen á orear donde no les dé el sol.

———

SALCHICHAS.

Se corta la carne de lomo de puerco en trocitos chicos, jamón gordo y magro tambien picado. Se pone en una olla y se sazona con sal y vino jerez cuanto se necesite para que quede cubierta la carne. Se tapa la olla y se deja así un día si fuere tiempo de calores, y dos si fuere de fríos. En tripas de puerco dispuestas como las anteriores se hechará esto; despues de picarlas se ponen á orear.

Estas tambien se hace uso de ellas asadas en parrilla.

———

CHORIZONES.

Picado un lomo de puerco sin los nervios se le agrega una libra de jamón tambien molido, medio cuartillo de vinagre fuerte, sal, clavos, pimienta, gengibre, chile ancho; todo esto molido y bien incorporado, se deja en infusión por especio de veinticuatro horas despues de las cuales se llenan las tripas, que sean de res, se atan, pican y ponen á orear donde no tengan sol pero si bastante viento.

OTROS.

Picada la carne de puerco se le ponen chiles anchos desvenados, remojados y molidos juntos con ajos y sal, vino carlon, todo el que sea necesario para mojar bien la carne. Despues de las veinticuatro horas de infusión si la carne no estuviere bien jugosa, se le pone más vino y en tripas de puerco de las más gruezas despues de bien limpias se llenan y atan en trechos cortos se pican y cuelgan en la cocina donde haya lumbre de leña aunque lejos de ella. A los tres dias se quitan y se ponen en el aire para que se sequen. Si se quieren guardar por algún tiempo despues de bien secos se meten en manteca fría.

MORCON.

En una cazuela se pone cebolla, ajos, jito-mate, perejil, pimienta, clavo, canela, chiles anchos desvenados y tostados todo molido, to-millo, sal, redaño de puerco en pedacitos chicos pasas, almendras partidas, y sobre todo esto se recibe la sangre y antes que se enfrié se incor-pora todo y en las tripas de puerco propias pa-ra esto despues de bien lavadas preparadas con sal y rebanadas de limón y bien enjuagadas se hecha esto, se atan del tamaño que se quiera y se ponen á cocer.

CONEJO.

Se pone en una olla manteca, un cuarto de aceite, bastante cebolla en gajos, cuando esté frita se le pone perejil picado, el conejo partido en pedazos grandes, canela, clavo, y pimienta molida, se menea hasta que se fría y entonces se le pone agua, suficiente sal y alcaparras.

OTRO.

Despues de cocido y frito el conejo, se frié en

aceite, rebanadas de cebollas y se le ponen alcaparras cocidas y molidas y así que se hayan frito se les agrega polvo de pimienta, un poco de vinagre y el conejo para que llerva ya puesto en el platón se le echa la manteca en que se frió.

OTRO.

Despues de cocido y frito, se pone en la cebolla frita con aceite, y se le agrega polvo de pimienta, de nuez noscada, gengible y caldo de la olla, se deja herbir hasta que seque, y se sirve sobre ensalada de lechuga.

CONEJO DE HÍGADO.

Estando desollado y lavado se frié en manteca con sal y rebanadas de cebolla; en seguida se le ponen alcaparras, hígado cocido, clavo, canela, y pimienta, todo molido ya bien frito esto, sé le añade vino, pasas, almendras y se espesa con harina dorada en manteca.

LIEBRE ESTOFADA.

Desollada y limpia se hace cuartos, se desangra con agua y vinagre, luego se frié en manteca con sal, ajos molidos, y cebolla rebanada; cuando se haya frito, se le pone vino, vinagre, el agua en que se desangró, colada, pasas, almendras, un terroncito de azúcar, clavo, canela, y pimienta en polvo, estando cocida se espesa con harina dorada en manteca.

LIEBRE EN PEBRE.

Despues de limpia y cocida se frié en manteca, aparte se frien alcaparras molidas con pan tostado, clavo, pimienta y unos cominos; en seguida se le pone aceite, vinagre, cebollas cocidas, perejíl picado, la liebre, un poco de su caldo, aceitunas y tornachiles en vinagre.

VENADO.

Se mecha la carne con ajos y jamón, se pone en una olla con bastante vinagre, clavo, canela, pimienta, tomillo, todo molido, y hojas

de laurel, se deja en infusión toda una noche,
al día siguiente, se pone á cocer, y estando tierna, se rebana y frié en aceite; en seguida se
pone en el platón, una capa de carne, y otra
de aceite, vinagre, pimienta, laurel, sal y aceitunas; despues de tres días se sirve.

FILETES DE CONEJO CON TRUFAS.

Despues de cortados en pedazos redondos, se
cubren con polvo de pimienta, se ponen en una
cazuela cubriéndolos con trufas, y manteca tivia; se pone la cazuela á fuego vivo, y cuando
los filetes hayan adquirido consistencia por un
lado, se voltean, metiendo las trufas debajo;
despues de diez minutos, se sacan de la cazuela y se dejan escurrir para colocarlos en una
fuente, los filetes debajo, y las trufas encima;
en seguida, se cubren con una salsa preparada
con harina frita en manteca, mojado con un vaso
de vino blanco, cuidando de ponérsela cuando
esté hirviendo, se adornan los bordes de la
fuente con rebanadas de pan frito.

FILETES DE CONEJO A LA MARISCALA.

Despues de cortadas las rueditas y golpeadas, se mojan en manteca derretida, se revuelcan en polvo de pan con sal y pimienta, y se cubren con huevo batido para cocerlos en la parrilla á fuego moderado: estos se sirven encima de una salsa picante.

FILETES DE CONEJO A LA MILANESA.

Estos se preparan como los anteriores agregándole al pan queso parmesano rayado. Despues se cocen en manteca muy caliente, luego que hayan tomado color se apartan de la manteca, se dejan escurrir, y se colocan en el platón en forma de corona, poniéndoles en el centro salsa de tomate.

AVES.

POLLOS EN SALSA DE MOSTAZA.

En manteca quemada se fríen ajos, jitomates asados y molidos; ya fritos, se les pone la mostaza molida y desflemada: en seguida los pollos cocidos, sal, pimienta, perejil picado, canela, un terrón de azúcar pan frito y molido, vintgre y caldo para que no quede la salsa muy espesa.

OTROS EN SALSA DE JAMON.

Cocido el jamón, se muele solo lo gordo, con ajos, clavos y pimienta; se frié en manteca cebolla picada, ya frita se le agrega lo molido, perejil picado y harina dorada en manteca; así que se haya medio frito se le ponen los pollos y un poco de su caldo. Se adornan con aceitunas.

OTROS EN SALSA DE SANAHORIA.

Se muelen las sanahorias cocidas juntas con almendras tostadas y pan frito, ajos, pimienta y canela. Despues de haberse frito en manteca, cebolla picada y en seguida tomates cocidos y molidos, se le agrega lo molido y cuando ya todo esté frito se le ponen los pollos cocidos y un poco de su caldo para que acaben de sazonar.

POLLOS EN SALSA DE HÍGADO DE CARNERO.

Despues de cocidos los pollos se parten en cuartos y fríen en suficiente manteca con sal, ya fritos se sacan, se fríen ajos partidos y estos se muelen despues de dorados juntos con jitomates asados, un poco de chile ancho tostado y desvenado, y el hígado cocido ya todo frito se le mezcla aceite, vinagre y pimienta en polvo, los pollos y un poco de su caldo; cuando ya estén sazonados se le agrega más aceite.

OTROS EN SALSA DE JITOMATE.

Se frien ajos partidos con jitomates asados y

11

pan frito; despues de frito todo esto, se le pone
sal, clavos molidos, vinagre, aceite, cebolitas
cocidas, calabacitas crudas rebanadas, durazno y membrillo en tiras, los pollos sancocha-
dos y su caldo. Se dejan hervir hasta que se a-
caben de cocer.

OTROS EN SALSA DE BETABEL.

Limpios los pollos y partidos, se frién en
manteca con sal; en seguida se les pone el ve-
tabel cocido y molido, junto con almendras y
canela; cuando se haya medio frito se le agrega un terron de azúcar, agua, vinagre, pasas y
almendras; se deja hervir para que espese el
caldillo.

POLLOS EN SALSA DE TOMATES.

Fritos unos ajos se muelen juntos con hígados de pollo y tomates cocidos, siendo la mayor cantidad de tomates; despues se frié cebolla rebanáda delgada y en seguida lo mo'ido,
perejil picado, clavo, pimienta, sal, los pollos,
y su caldo: así herviran hasta que espesen. Al
apartarlo se les pone aceite.

OTROS EN SALSA DE PIÑA.

Despues de cocidos y fritos los pollos, se frié cebolla rebanada, jitomates, chiles verdes picados; y cuando esté frito esto, se le ponen los pollos, su caldo, canela, pan frito, piña en trocitos y molida y un terrón de azúcar, dejándolo hervir hasta que se cuesa la piña.

OTROS EN SALSA DE QUESO.

Se frié cebolla rebanada, ajos picados, chile verde en tiras, cuando esté rendido se le ponen los pollos, su caldo, queso, de grano tostado y molido, un terrón de azúcar, vinagre y pimienta. Si despues de haber hervido quedaren muy caldosos, se espesan con harina frita.

OTROS EN SALSA DE TORNACHILES.

Sacados del vinagre se les quitan las semillas se enjuagan y se muelen con pan frito, clavos y pimienta. Se frié cebolla rebanada y se le pone lo molido; cuando ya esté frito se le agregan los pollos, un poco de caldo, aceite y aceitunas; se deja hervir hasta que espese.

GALLINA EN SALSA DE ALMENDRA.

Se parte en cuartos una gallina se frie y se le pone una poca de agua; cuando se le haya consumido y esté tierna la gallina se le agrega cuatro onzas de almendra molida tres jitomates asados y colados en jugo de dos naranjas de china, clavo y canela en polvo con esto se deja hervir hasta que espese.

OTRAS EN SALSA DE PEREJIL.

Se frien jitomates asados y molidos juntos con perejil, se le agrega clavo, pimienta, nuez mozcada, todo molido, vino jeréz alcaparras las gallinas cocidas y un poco de caldo para que acaben de sazonar.

OTRAS EN SALSA DE YEMAS.

Hechas cuartos y fritas se les pone jitomates crudos molidos con unos ajos y perejil picado ya frito todo se le agrega vino y agua en iguales cantidades; así que estén cocidas las gallinas se espesa el caldillo con yemas de huevo cortadas con vino y se mueve mucho al tiempo de hecharlas para que no se haga bolas.

GALLINA MORISCA.

Despues de sancochada la gallina, se unta de sal orégano, ajos, aceite y vino de parras, se rellena con aceitunas, pasas, almendras y pan tostado; en seguida se pone en el caldillo para que se acaben de cocer.

El caldillo se prepara de la manera siguiente: se frién unos higaditos de pollo juntamente con pan y chiles anchos desvenados, en seguida se muele esto agregánnole ajonjolí y nueces tostadas; despues de colado se frié y sazona con vinagre, aceite, un terroncito de azúcar y polvo de orégano.

GALLINAS PORTUGUESAS.

Despues de a cochadas las gallinas y partidas en cuartos, se ponen en una cazuela con manteca cruda, jitomates, cebollas y chiles verdes picados, pimienta y canela en polvo, sal, poco dulce, agua, vinagre, y vino, se deja á dos fuegos para que se cosa.

GALLINA EN SALSA DE MAMÓN

Se pica jitomate y tomate, tanto de uno, como de otro, se pone á freir; y en seguida, se le hecha un poco de caldo, clavo, canela y pimienta; el mamón desbaratado, la gallina cocida y frita; y un poco antes de bajarse de la lumbre, se le agrega vino de parras y tornachiles.

OTRA EN SALSA DE CASCARA DE PLA-TANO GRANDE.

Depues de cocida la cáscara se muele con viscocho tostado y se frié se sazona con clavo, canela y pimienta; si está agria se le pone un terroncito de azúcar, y la gallina frita y untada de viscocho tostado un poco antes de servirse se le agrega vino blanco y aceitunas.

OTRA EN SALSA DE PAN

Se frie jitomate, y tomate, cebolla y ajo, todo picado: se pone á quemar pan, despues se hecha en el agua para que se desamargue; y en seguida se le muele para ponérselo al recaudo juntamente con vinagre, clavo, pimienta y canela en polvo, y la gallina ya cocida.

POLLAS GUISADAS.

Se asan las pollas, y se dejan toda la noche en agua con vino blanco, y vinagre; al siguiente dia, se le pone manteca, pasas, almendras, clavo, canela, pimienta y asafran, vino y vinagre; con esto se dejan hervir para que sazone.

OTRAS POLLAS.

Se frién bastantes ajos, jitomates y jamón, todo picado, y allí se hechan las pollas cocidas y en cuartos, sanahorias tambien cocidas y picadas, especies y un cuarto de vino blanco.

GALLINA EN NOGADA.

Se doran en manteca unos ajos partidos y dos chiles anchos desvenados se muelen estos juntos con nueces cacahuates cantidades iguales ya molido todo se frié en manteca con aceite sal y un poco de caldo de la gallina cuando ya sazona se pone la gallina cocida y partida.

OTRA ESTOFADA.

Limpia la gallina y partida se le pone una poca de agua hirviendo para desangrarla, se vacía luego en una olla con la misma agua, agregándole mantequilla, harina, pimienta, sal y cáscaras de limón, con esto se pone á la lumbre para que se cosa.

GALLINA EN SALSA DE CHORIZO.

Despues de cocida la gallina se frié hecha cuartos con suficiente manteca y sal separado; se frien jitomates asados y ajos molidos, chorizo frito y molido despues se pone la gallina con su caldo, jamón cocido, harina dorada en manteca, vinagre, clavo canela y pimienta, se le deja hervir hasta que espese y al apartarse del fuego, se le pone aceite y tornachiles.

OTRA EN SALSA DE HARINA

Se cuece la gallina con agua, sal, pimienta y cáscara de lima; luego se frié con bastantes ajos, y se saca para dorar harina en la misma grasa: poniéndole luego, caldo con orégano, ci-

lantro en polvo, y la gallina, estando fuera de
la lumbre se le sirve un poco de vino tinto.

GALLINA EN JITOMATE

Se unta de manteca una cazuela, se le pone
ajo cebolla, jitomate, clavo, canela pimienta y
perejil; todo encima de la gallina; y cocida a-
gregándole manteca mantequilla y sal, se deja
á dos fuegos para que seque.

OTRA RELLENA

Cocidas unas coles con sal escurridas y picadas, se frien en mantequilla con un poco de pimienta; se rellena con esto la gallina, despues
de lavada se coce á dos fuegos con agua, manteca, sal, jitomate, ruedas de cebolla, pimienta,
clavo y cilantro en polvo; cuando esté cocida se
le agrega aceite.

GUAJOLOTE TATEMADO.

Despues qe pelado y limpio el guajolote a-
hogado con vino para que no pierda la sangre
se unta con nitro, sal, y limón, al dia siguiente
12

se muele pimienta, sal, perejil un chile ancho remojado, una hoja de laurel, clavo, ajos y tomillo; bajando esto con vinagre se le unta al guajolote con suficiente manteca, lo mismo que á la cazuela en que se ha de meter al horno.

GUAJOLOTE EN MOLE POBLANO.

A porciones iguales de chile ancho, y chile negro desvanado y medio fritos en manteca, se le agrega para molerlo un posillo de ajonjolí tostado, una cabeza de ajos asados, una taza de tomates cosidos, otro posillo de cemillas de los mismos chiles tostados, un jitomate asado, cilandro y anís tostados, canela, clavo y pimienta, y una tortilla dorada en manteca. Perfectamente remolido todo, se baja del metate con el caldo del guajolote en que también se habrá cocido carne de pierna de puerco, se frié bien el mole, y cuando hierva se le mezcla el guajolote y la carne.

GUAJOLOTE EN SALSA DE ALMENDRA

Se muelen almendras tostadas sin pelar con un jitomate asado un diente de ajo también asado, pimienta, pan dorado, en manteca, llemas de huevo cocidas, y una bolita de asafrán después de frito todo esto se le agrega cebolla menudita y perejil picado y tambien frito, se le pone sal y el caldo que fuese necesario para que hierva junto con el guajolote que estará ya cocido y en cuartos.

OTRO EN PIPIÁN DE SEMILLAS DE MELÓN.

Un plato de semillas tostadas y molidas, se cuelan, y se les agregan almendras molidas, y una pechuga de gallina también molida; ésto se frié en aceite y manteca, pimienta, sal y clavo, el juajolote cocido y algo de su caldo, se le deja hervir hasta que se espese.

GUAJOLOTE EN NOGADA.

Se frié en manteca y aceite, ajos, chile colorado, nueces y cacahuates, todo molido; á ésto se le agrega el guajolote cocido y un poco de su caldo, se deja hervir hasta que sazone.

OTRO.

Despnés de cocido el guajolote, se frié en manteca, con ajonjolí tostado, nuez moscada y polvo de canela; en seguida se le pone un poco de vinagre y un terroncito de azúcar; luego que sazone, se aparta de la lumbre, para que quede caldosa.

TEMOLE DE GUAJOLOTE.

Se doran almendras, chiles anchos y ajonjolí, después se muelen juntos con clavo y canela esto se frié con suficiente manteca, ya frito, se le pone el guajolote, su caldo, vinagre y azúcar. para que acabe de sazonar.

GALANTINA DE GUAJOLOTE.

Limpio y deshuezado el guajolote, se hace un picadillo de carne de vaca jamón y pedazos lonja, oregano, tomillo, una hoja deapio y sal; con esto se rellena el guajolote que habrá estado antes con vinagre pimienta y sal, se coce con pita se envuelve en una cervilleta y se pone á coser en agua con sal ajos machacados y laurel, luego que esté se prensa; al día siguiente se pone en un platón sobre ramas de perejil.

PICHONES EN ESCABECHE.

Hechos cuartos, se ponen en una olla con a-
gua, vino, vinagre, sal, pimienta, orégano, tomillo, canela, pasas, almendras. jitomate, manteca y una cáscara de limón; cuando estén cocidos, y en un caldillo espeso, se ponen en una
cazuela con manteca quemada; y se acaban de
sazonar á dos fuegos.

PICHONES EN SALSA DE PASAS.

Después de cocidos los pichones, se fríen en
manteca, con polvo de pan; también se fríen
pasas, molidas con un pedazo de biscocho y sal;
ya fritas, se les pone clavo, y canela en polvo.
azúcar, vino jerez, un poco de caldo de los pichones, y ruedas de plátano grande; cuando esté
té el caldillo sazonado, y algo espeso, se le ponen los pichones, cuidando que no llerva con e-
llos.

PICHONES EN SALSA DE HÍGADO.

Despues de cocidos los pichones. Se pone a
freir chiles verdes en tiras, jitomate asado y mo-

lido, higados cosidos y molidos, sal, pimienta
azafrán; en este recaudo se ponen los pichones
con su caldo, agregándole aceite y vinagre; con
esto se deja hervir para que acaben de sazonar,

OTROS PICHONES.

Se cocen los pichones con su sangre y la espuma de la olla, jitomates, ajos, cebollas y perejil todo picado, clavo y chorizo molidos, y poco caldo; despues de cocidos, se cubren con harina y se frien para volverlos á poner en el caldillo, que estará ya colado; al servirlos se les
pone aceite.

OTROS EN SALSA DE JITOMATE.

Jitomates asados y molidos, ajos y cebolla
picada, se ponen á freir en manteca con sal,
polvo de pimienta, pan frito y molido; en seguida se le ponen los pichones con su caldo y
un poco de vinagre, se dejan hervir un rato y
se acaban de sazonar con aceite.

OTROS EN SALSA DE CÁSCARA DE ALMENDRA.

Se fríen jitomates, cebollas y chile verde todo picado, en seguida se le agrega pan frito, cáscaras de almendras también fritas; ésto molido, sal, polvo de canela, vinagre, los pichones con su caldo, y aceitunas partidas; se deja hervir para que acabe de sazonar.

GANGAS ASADAS.

Después de limpias, se untan de mantequilla, sal y vino; se les ponen dentro, unas hojas de parra con más mantequilla, y se ponen en la parrilla bién caliente, para asarlas, reciándolas con vino.

GANGAS GUISADAS EN JITOMATE.

Se ponen en una cazuela con vino blanco y manteca, cuando estén cocidas, se dejan dorar y en seguida, se les pone pimienta, clavo, jitomates cocidos con sal y un diente de ajo; todo esto molido, cuando ya esté frito, se le agrega una rebanadita de jamón cocido y perejil.

OTROS EN EN SALSA MORENA.

Se cocen sanahorias, se muelen con cebolla, tomates, un pedazo de pán, almedras, un poco de ajonjolí tostado, clavo, canela, pimienta y un diente de ajo; todo ésto se frié y se le ponen las aves para que se acaben de sazonar.

OTRAS EN SALSA DE ACEITUNAS.

Se muele una taza de aceitunas, medio posillo de almendras con cáscara y se bajan del metate con un poco de vinagre; en seguida se frién en aceite, cuando estén fritas se apartan de la lumbre y se dejan reposar para ponerle las aves ya cocidas y se adornan con rueditas de cebolla y jitomate.

ANCERA ENTOMATADA.

Despues de lavada con paja y agua de tequezquite se coce con ajos laurel y sal; luego se frien en manteca cebolla menuda tomates cocidos y molidos con tomillo, pimienta y sal á que quede espeso y untar con esto el áncera, dividida en cuartos que se frién y doran para servirse con ensalada.

OTRAS GUISADAS.

Cocidas y hechas cuartos, se fríen en manteca, con revanadas de chorizo; y ya que estén, se sacan para freir cebolla y ajos picados; cuando esté rendido, se le agrega sal, pimienta y pan tostado, todo molido: caldo ó agua caliente, revanadas de nabo, aceite y vinagre; cuando ya esté sazonado se le ponen aceitunas.

MUSLOS DE GANSO Á LA LEONESA.

Los muslos se cocen en manteca sobre un fuego moderado, á fin de que, las partes gordas se derritan todo lo posible; cuando estén casi cocidos, se les aviva el fuego para que tomen un bonito color; luego se sacan, se escurren y colocan en una fuene, poniéndoles encima unas cebollitas fritas en la grasa del ganso, y rociando todo con salsa picante.

GODORNICES Ó PERDICES BORRACHAS.

Despnés de limpias, se ponen en una olla con manteca quemada y sal; cuando estén algo fritas se pone cebolla rebanada; y ya rendida se les agrega clavo, canela y pimienta en polvo, almendras peladas, y en lugar de agua, vino dulce; se tapa la olla para que no se vaporé y cuando ya estén cocidas se espesa el caldillo con harina dorada en manteca.

OTRAS EN PIÑA,

Después de cocidas en agua ysal, se frién y por separado se frié piña, jitomate asado y pan dorado todo molido; en seguida se le pone caldo, vino y las aves, se dejan hervir para que acaben de sazonar.

OTRAS.

Se frié cebolla picada y en la misma manteca se ponen las codornices crudas y en cuartos para que se sancochen; en seguida se les ponen almendras tostadas y molidas, alcaparras con vinagre, un pedazo de tuétano de vaca y polvo de pimienta, dejándolas á fuego lento para que sazonen.

PATO CON ACEITE Y VINAGRE

Cocidos los patos en agua de tequezquite se
frién en aceite bastantes ajos, luego se les pone
vinagre fuerte, tomillo, laurel, y mejorana al
hervir, se aparta del fuego y se vacía este caldillo en una olla y allí se ponen las pechugas
de los patos tapándolas bién para servirlas
tres dias después con cebolla muy picada tornachiles y lechuga.

OTROS EN SALSA DE YEMAS.

Despés de lavados en agua de tequezquite y
cocidos en agua natural, sal y ajos machacados,
se frién jitomates asados y molidos, perejil y
cebolla picada, yemas cocidas y molidas con
pan frito; en este recaudo, se ponen los patos
con un poco de caldo y vinagre; cuando hayan
hervido bién, se les pone aceite.

OTROS EN MOLE.

Desvenados unos chiles anchos, se doran en
manteca, y se muelen con semillas de los mismos chiles, cilantro tostado, un diente de ajo
y su sal; despues de frito esto, se le ponen los
patos ya cocidos en agua con tequezquite.

PATOS EN SALSA DE HIGADO.

Después de lavados en agua de tequezquite, y cocidos con ajos machacados y sal, se fríen en manteca, y se sacan para freir en la misma, ajos. cebolla y jitomates picados; así que esté, se le pone hígado de carnero cocido y molido con clavos, pimienta y sal, y cuando ya esté frito, se le agregan los patos con bastante aceite, poco vinagre y caldo, se dejan hervir para que quede el caldillo algo espeso.

PATOS CON MANTEQUILLA.

Cocidos los patos, se fríen en mantequilla, se sacan y se fríen en la misma, ajos molidos, juntos con culantro tostado, canela, pimienta, nuez moscada y pan frito; así que esté, se le ponen cebollas cocidas y desojadas, sal, caldo y los patos; se dejan hervir para que acaben de sazonar.

OTROS EN SALSA DE JITOMATES.

Cocidos y fritos en manteca, se les ponen jitomates asados, ajos, azafrán pimienta; todo molido y así que se haya frito se le agrega pere

ji! picado, alcaparras, vinagre, tomillo, mejorana y harina dorada en manteca.

PESCADOS.

BACALAO A LA VALENCIANA.

Se doran en manteca unos chiles anchos desvenados se muelen juntos con unas almendras
pan dorado en aceite, tomillo, ajo asado y un
terrón de azúcar se fié esto en suficiente aceite
agregándole vinagre, y cuando haya espesado
se le pone el pescado ya cocido: fuera de la lumbre se le agrega un cuarto de vino de parras.

BACALAO EN JITOMATE

Remojado con paja y bien lavado, se cuece
con sal, luego se muelen jitomates asados, y en
bastante aceite se fríen tiras de chile pasilla, se
saca de la lumbre para incorporarle el jitomate, sardinas despedasadas con su aceite, y el
pescado ya cocido; y se vuelve al fuego para
que reseque.

OTRO

Se fríen en aceite unos ajos, bastante jitomate picado, y chile verde en tiras, despúes se le pone el pescado cocido, vinagre, polvo de pimienta y un terroncito de azúcar; luego que sazone se aparta de la lumbre, y para servirse se le pone aceitunas y más aceite.

BACALAO RELLENO.

Limpios y desalados los pescados se rellenan con un revoltillo preparado de la manera siguiente: se fríen jitomates picados, cebolla tambien picada, agregándole sal, clavos, pimienta en polvo, y cuando esté rendido el recaudo, se le ponen chícharos y ejotes cocidos y huevos medios batidos, y así que esté cuajado se rellenan con esto los pescados; se lian con unas hebras, y envueltos en papeles untados de manteca se asan en la parrilla, cuidando de voltearlos; así que estén se les quita el papel y cubiertos con harina se fríen en manteca.

ROBALO.

Limpios y cocidos los trozos del pescado se

frién en aceite con ajos, cebolla molida y perejil picado; cuando estén secos se apartan, se envuelven en harina y se frién en aceite.

OTRO.

Se hace una macilla batida con harina, sal, vino, y yemas de huevo, que quede un poco suelta; estando el pescado ya cocido se envuelve en ella para freirlo en manteca.

ROBALO SECO

Se frién en aceite jitomates, tomates, chiles verdes, ajos y cebolla todo picado. sazonado con sal, pimienta y azafrán molido: en una cazuela se pone una capa de este y otra de pescado cocido y en trocitos, á la última capa de éste, se le pone una poca del agua en que se coció, vinagre, aceite y orégano: y se deja cocer á dos fuegos; para servirse se adorna con chilitos y aceitunas.

ROBALO CON SALSA DE VINAGRE.

Después de desalado el robalo se unta por

ambos lados de jugo de limón y cuando esté
hirviendo el agua se mete el pescado para que
se cosa: después de cocido, escurrido y antes
que se enfrié se sirve con la siguiente salsa:
se deslien diez yemas be huevo en medio cuartillo de vinagre, en seguida se pone al fuego
meniándola continuamente cuando tenga consis
tencia se le añade sal y nuez nozcada rallada
y sin dejar de meniarla se le incorpora cuatro
onzas de mantequilla, luego que esta se derrite, se vacía en una fuente en la que ya estará el
pescado y se adorna con papas cocidas cuidando
de que la salsa sea suficiente para que se puedan mojar tambien las papas.

<hr>

OTRO CON VINO BLANCO.

Se ponen en el fondo de una fuente que pueda soportar la acción del fuego, cebollas cortadas en pedazos, dos onzas de mantequilla, sal,
pimienta y nuez nozcada en polvo. Ya fritas
las cebollas se les agrega el pescado desalado
y sancochado, el jugo de un limón, otra poca de
mantequilla derretida, y vino blanco el necesario para que á dos fuegos se acabe de cocer.

OTRO CON SALSA DE MOZTAZA.

Después de limpio el pescado se pone á sancochar con vino blanco, sal y pimienta, se deja escurrir pasándolo luego por la manteca derretida cubriéndolo con bastante polvo de pan, en seguida se pone en el horno ó á dos fuegos para que tome buen color, cuando se acabe de cocer se sirve con salsa de mostaza.

BACALAO EN FRIO.

Después de desvenados y tostado unos chiles colorados, se muelen con ajos y pan remojado; en seguida, se frié esto en manteca, y se le pone el bacaláo ya cocido; cuando esté sazonado, se aparta y adorna con rebanadas de pan frito.

OTRO.

Después de cocidos jitomates y chiles anchos desvenados, se muelen, agregándoles unos ajos; en seguida se frién en acaite y se les pone el agua en que se coció el pescado, pan frito y molido: cuando suelte el hervor se le agrega el pescado y rebanadas de pan fritas en aceite, se deja que dé un hervor para que espese el caldillo.

PESCADO MERO GUISADO.

Después de desalado cocido y escurrido el pescado se hace trozos para envolverlos en harina y freirlos en manteca; en seguida se saca, y en la misma se frié cebolla picada, y se le agrega clavo, pimienta, canela y vino, cuando empieze á hervir, se pone el pescado dejándolo que acabe de sazonar.

BAGRE RELLENO.

Cocidas unas yemas de huevo se muelen con almendras tostadas, clavo, canela, pimienta, sal y un terroncito de azúcar, con esto se rellenan los pescados, agregándoles pasas y alcaparras, para envolverlo en una tortilla de masa cruda y dorados en mantea, untados de sal antes de envolverlos.

BAGRE EN ESCABECHE.

Se le quitan las espinas grandes y lo azul con cernada; después se lava, se destripa y se hace trozos, se les pone sal y sumo de limón dejándolos con esto dos horas, en seguida se ponen á sancochar en agua hirviéndo; luego

se les quita el pellejo y se dejan orear para
freirlas en aceite; en el que se habrán frito u-
nos ajos, se apartan del aceite se acomodan en
una olla cubriéndolos con aceite, vinagre, sal
y pimienta en polvo, cáscaras de lima y hojas
de laurel, moviendo la olla con cuidado para que
se incorpore, tapándola muy bién; después de
ocho días se saca, se pone en un platon poniéndole más aceite, polvo de pimienta y tornachiles. Si fuere para guardar se saca de la infusión á los doce días; acomodándolo en un bo-
te que quede apretado, se cubre con aceite y se
tapa bién.

BAGRE FRITO.

Después de desflemado y seco, se le hace unas
cisuras para ponerle sal, pimienta y sumo de
limón, en seguida se frié en aceite, en trozos si
es grande; sirviéndolo con ensalada.

OTRO EN SALSA.

Después de preparado y cocido el bagre como los anteriores, se pone sobre un platón cu-
briéndola con la síguiente: Se frién unos jitomates asados y molidos juntamente con cebollitas
cocidas y tiras de chile verde asado, agregándo-

le para que acabe de sazonar, sal, aceite, vinagre y orégano. Se adorna con rebanaditas de ahuacate y aceitunas.

BAGRE ADOBADO.

Después de desflemado y limpio se pone en una cazuela sobre un papel con suficiente manteca y aceite, cuando ya se esté friéndo, se le agrega el adobo de chiles anchos remojados y molidos, con bastantes almendras y sal, se les pone fuego encima para que se acabe de freir.

OTRO EN BLANCO.

Se fríen ajos y jitomates asados todo molido con clavo, pimienta, azafrán, orégano, ceballa cocida, agua caliente, pan frito y molido, el pescado ya cocido, luego que sazone, se aparta de la lumdre, agregándole aceite y chilitos en vinagre.

OSTIONES GUISADOS.

Se fríen en manteca jitomates asados y molidos, cebolla y ajos picados, y chile verde en

tiras; así que esté todo frito, se le agrega sal.
clavo pimienta, azafrán y cominos, todo molido aceite, vinagre, agua caliente, harina dorada
en manteca y los ostiones ya cocidos, dejándolos hervir hasta que espese el caldillo.

TORTA DE OSTIONES.

Se frié en manteca, cebolla, jitomate, ajos.
chile verde y perejil, todo picado menudo; ya
frito esto, se le agrega sal. pimienta y comino.
todo molido, aceite, vinagre y los ostiones ya
cocidos, dejándolos hervir para que sazonen: ya
secos, se sacan de la lumbre, y así que se enfrién, se revuelven con huevo batido, y se ponen en una cazuela untada de manteca, pomiéndoles otra poca por encima, y se pone á dos fuego para que cuaje.

OSTIONES CON ALCAPARRAS.

Se cocerán con sal, si fueren frescos, y si estuviesen salados, primero se desalarán. Se
frié en manteca jitomates asados y molidos, a
jos y cebolla picada, chile verde en tiras, así
que esté esto frito, se le agrega sal, clavo, pimienta azafrán y cominos, todo molido, tomi-

llo, alcaparras, aceite, vinagre, agua caliente y los ostiones, se dejan hervir hasta que queden sazonados, y el caldillo espeso.

———

CAMARONES GUISADOS.

Despnés de bien limpios los camarones se ponen á remojar desde la víspera; al día siguiente se lavarán en dos ó tres aguas así que estén bien enjuagados se ponen á cocer; cuando esten tiernos se sacan y se limpian de todos los pellejos que les quedan procurando que queden enteros volviendo á poner en el agua en que se cocieron. En suficiente manteca se frié cebolla ajos jitomate y chile verde, todo picado, cuando esté bien rendido se le agrega perejil los camarones con su agua, azafrán, clavo, pimienta, cominos y pan remojado, todo esto molido con aceite y vinagre; se dejan hervir hasta que estén bién sazonados y espeso el caldillo.

———

PESCADO BLANCO RELLENO

Limpios de las escamas y desespinados se untan con sal y se rellenan con almendras tostadas molidas y fritas en mantequilla; y untados de manteca polvo de pan y pimienta se envuelven en papeles, untados tambien de manteca; se asan en la parrilla.

———

OTROS FRITOS

Ya limpios se untan de una salsa de alcaparras con clavo canela pimienta y sal; envueltos en harina se fríen en manteca; sirviéndolos con aceite y vinagre.

———

OTROS.

Despues de limpios se ponen en una servilleta doblada y tomando esta de las extremidades se coloca en una cazuela que tendrá agua hirviendo con sal; se dejan cocer teniendo cuidado no se desbaraten: se acomodan en un platón bañados con la siguinte salsa; se muelen unos chiles anchos desvenados y tostados, un diente de ajo un poquito de tomillo y sal, se baja del metate y se le exprime media naranja ágria y se frié en aceite quedando algo espesa. Se adorna el platon con tiras de huevo cocido.

———

OTROS EN ESCABECHE

En agua con sal, se hierven mejoranas, lau-

rel y orégano: á esta enfusión ya fría, se le
mezcla vinagre fuerte y pimienta en polvo,
allí se echan los pescados, ya fritos en aceite,
en el que se haya darado ajos partidos y unas
cáscaras de lima. A los tres días se sirven
con aceite, vinagre cebolla picada aceitunas y
y chilitos en vinagre.

PESCADOS BLANCOS EN SALSA DE JITOMATE.

Se frién en manteca ajos partidos, y ya dorados, se sacan y se frién jitomates asados y
molidos, juntos con los ajos, agregándoles sal,
perejil, pimienta y azafrán molido, aceite, vinagre, una poca de agua, y así que haya hervido esto, se le ponen los pescados desespinados: luego que se cosan estos, se apartan de la
lumbre.

OTROS.

Limpios y desespinados, se cocen con agua
y sal, y ya cocidos, se ponen en un platón y se
cubren con una salsa de jitomates asados y
molidos, con un poquito de comino, y se sazonan con vinagre, aceite, cebollas picadas y a-
ceitunas.

OTROS.

Cocidos los pescados, se sirven con una sal-sa hecha de alcaparras molidas, fiitas en aceite y cebollitas cocidas.

PESCADOS BLANCOS RELLENOS.

Despues de limpios, y desespinados, se un-tan de sal, y se rellenan con almendras tosta-das molidas, y fritas en mantequilla, se envuel-ven en papeles untados con manteca, pan ralla-do, pimienta y sal, y se cocen en la parrilla.

PESCADOS EMPANADOS.

Estos untados de sal, se rellenan con yemas cocidas y molidas, sazonadas con vino, polvo de carela, pimienta y clavo, se cubren con ha-rina, y se frié en manteca; se sirven con ensa-lada de lechuga.

PESCADOS FRITOS

Depués de limpios, se untan de una salsa espesa, hecha de alcaparras, con clavo, pimien-ta, canela y sal; y despues de bien envueltos en harína y fritos en manteca, se apartan de la lumbre y se les pone aceite y vinagre.

OTROS

Estando ya limpios los pescados, se untan con sal, se cubren con harina y se doran en aceite; despues, se cubren con vinagre, aceite, cebolla picada, y orégano.

VERDURAS.

COLIFLORES EN YEMAS.

Se frien ajos molidos, y cuando esten se les agrega sal, pimienta, clavo y azafrán molido, perejil picado, caldo (si fuere de gallina será mejor), yemas batidas cortadas con vinagre y cuando esté hirviendo se le ponen las coliflores cocidas y en trozo, se dejan hervir para que acaben de sazonar y al apartarlas se les pone aceite y aceitunas.

OTRAS CON MANTEQUILLA.

Se pone á quemar mantequilla para freir en ella una poca de cebolla picada agregándole canela y pimienta en polvo, harina dorada en manteca y caldo, cuando esté hirviendo se le ponen las coliflores cocidas y picadas.

COLIFLORES AHOGADAS

En suficiente manteca y aceite, se frien ajos partidos, estando dorados, se sacan, se muelen y se vuelven á la manteca, agregándoles sal, las coliflores cocidas y en trozos, cuidando de voltearlas para que se frian por parejo; cuando se lleven á la mesa, se les pone bastante aceite, orégano, cebollas cocidas y desojadas, tiras de aguacate, y unas gotas de vinagre.

CHICHAROS GUISADOS.

Se frien en manteca ajos, cebollas y jitomates picados; enseguida, se le ponen los chicharos con clavo, azafran, aceite y pan frito molido; y se dejan hervir para que queden con poco caldo.

OTROS.

Se frien en manteca cebolla y ajo picado en seguida jitomates asados y molidos con perejil y yemas cocidas cuando esté frito esto se echan los chícharos ya cocidos para que se medio frían agregándoles sal, pimienta, un poco de vinagre y agua unas cebollas cocidas y desojadas se dejan en la lumbre hasta que sazonen.

OTROS CHICHAROS.

Se frié jomón en tiras, ajos partidos, y cuando esten doradas, se muelen con jitomates asados y se frien con cebolla picada, agregándoles en seguida el jamón, los chícharos cocidos, harina dorada en manteca, y yemas batidas cortadas con vinagre; cundo comiencen á secar se apartan y se les pone aceite.

CHICHAROS CON ABBACAR.

Despues de cocidos con tequezquite se pica lechuga y se frien en mantequilla no muy deretida cuando esté marchita se les ponen los chícharos, polvo de pimienta un terroncito de azúcar y una rama de bahacar y caldo bien sasonado; ya para servirse, se le agrega vino tinto.

———

CALABACITAS.

Cocidas las calabacitas se rebanan y se ponen en la salsa siguiente; se frié en manteca cebollas, ajos jitomates, perejil todo picado; así que esté frito se le agrega caldo de gallina ó de carne de puerco, polvo de canela y harina dorada en manteca; en una cazuela se pone una capa de las calabacitas, otra del recando con un poco de caldo y puestos en la lumbre, se cuidará de que no se desbaraten; cuando ya estén algo secas, se apartan y se les hecha encima mantequilla derretida.

———

CALABACITAS EN NOGADA.

Estas serán chicas pero redonditrs, se cocen con sal se les corta por el lado del tronco para quitarles las tripas y rellenarlas con coliflor cocida y frita, agregándoles sal, aceite, vinagre, granada y trocitos de aguacate; estando ya rellenas, se acomodan en el p'aton y poniéndoles sus tapitas detenidas con rajas de canela, y se bañan con la siguiente: almendras remojadas del día anterior; nueces y queso fresco bien remolido, todo se le pone agua, cuidando de que quede espeso y se sazona con polvo de azúcar y canela.

CALABACITAS EN ADOVO.

Tiernitas y de las más chicas se rebanan y sancochan teniéndolas luego un rato en agua tibia con sal.

Se muelen chiles anchos tostados y desvenados; un diente de ajo orégano y sal; esto se baja con vinagre y escurridas las calabacitas, se ponen en una olla y se cubrén con el adovo los tres días se sirven adornándolas con cebolla desflemada, aceitunas y vinagre.

COLIFLOR CON PURÉ DE JITOMATE

Despnés de cosido el coliflor, y partida se moja en huevo batido y se fríen cuidando que no lleve demasiado huevo, se pone en un platón formando una corona y el fondo se le pone el puré preparado del modo siguiente: Despnés de asados los jitomates se cuelan y se fríen en manteca con harina dorada en la misma agregándole sal y una hoja be laurel para que acabe de sazonar; al ponerlo en el platón se pone aceite y vinagre.

ALCACHOFAS.

Se ponen sin coser con agua, vinagre, laurel, ajo y tomillo, se fríen en aceite ajo molido, jitmate y cebolla muy picada con esto y sal se sirven las alcachofas.

OTRAS Á LA ESPAÑOLA.

Se ponen á sancochar con su sal en agua hirviendo, se cortan luego al traves por la punta y con un saca-bocados se vacía la peluza que tienen dentro, en seguida se pican pedacitos de pollo, jamón, perejil, ajo, llemas cosidas y se sazonan con clavo, canela, pimienta y nuez moscada todo en polvo y con su correspondiente sal; con esto se rellenan las alcachofas que puestas en una cacerola tendida y á fuego lento se iran friendo, cuidando humedecerlas con caldo.

GUISADO DE PAPAS Y SANOHORIAS.

Cosidas y en rebaadas las papas y las sanohorias, se acomodan en una cazuela untada de manteca y polvo de pan una capa de papas, pimienta, mantequilla, queso rallado, una poca de leche, sal y otra de sanohorias á dos fuegos suaves se dejan secar.

PAPAS GUISADAS.

Se pica cebolla, jitomate, ajo, bastante perejil, plátano grande, se frié este recaudo, y se le pone, aceite, vinagre, y un polvo de pimienta, luego se le revuelven las papas cocidas, y revanadas á que medio se frian, despues se le agregan yemas de huevo cocidas y molidas y se adornan con chiles y calabacitas en vinagre, aceituras y alcaparras.

OTRAS CON LECHE.

Se dora una poca de harina con mantequilla, se pone leche poco á poco para que no se haga bolas, en seguida se ponen las papas cocidas y revanadas con bastante perejil polvo de pimienta y un terroncito de azúcar.

PAPAS VAPORADAS.

Se pelan las papas en crudo, y se ponen en

agua mientras se acaban de pelar; en seguida se ponen á cocer en agua hirviendo, se tapa la olla y cuando estén no muy blandas, se apartan de la lumbre, se les quita el agua y se les pone sal y un trozo de mantequilla; se vuelven un momento á la lumbre, se sacan, se tapan con un cotense y se buye la olla para que se golpeen las papas; esto se repite por tres veces.

TORTA DE PAPAS.

Se pelan y se cocen desde la víspera, en agua hirviendo; en seguida se soplan dos ó tres veces y se golpean contra la olla; al siguiente día se martajan en el molcajete y se amasan con leche y polvo de sal pimienta; con esta masa se hace una tortilla gruesa y se dora en manteca muy caliente.

SALSIFIS.

Se cuecen en agua y sal, se derrite manteca y allí se pone perejil, ajo, cebolla y los salsifis, todo picado y una poca de harina para que los dore; después se les pone sal y pimienta para acabarlos de sazonar. También se cuecen con leche y se guisan como las papas.

NABOS GUISADOS.

Se doran en mantequilla ajos partidos, se sacan y en la misma se medio frien trocitos de papada ya cocida, se le agrega sal, tomillo, mejorana, pimienta molida, harina dorada y caldo; cuando empiece á hervir se ponen los nabos rebanados para que se cuezan.

OTROS CON MANTEQUILLA.

Después de pelados y partidos en cuarteroncitos los nabos, se fríen en mantequilla y se les pone agua tibia hasta taparlos, agregándoles sal y un terroncito de azúcar: ya para sacarlos se les agrega un poco de vinagre.

HABAS GUISADAS.

Cocidas las habas, que sean grandes y verdes, se les quitan las dos cáscaras. Se fríe en manteca cebolla, tomate, chile verde y ajos, todo picado; estando rendido se le ponen las habas para que se medio frían, después caldo y perejil picado, pan frito, yemas cocidas y pimienta, ésto molido: se dejan hervir para que sazonen, agregándoles aceite y vinagre.

OTRAS CON LECHUGA.

Se cocerán con sal habas muy tiernas sin quitarles la segunda cáscara; también se coce lechuga picada. Se fríe en suficiente manteca, jamón picado; cuando esté hecho chicharrón se saca y en la misma manteca se fríen ajos y cebolla picada, después las habas y la lechuga, y cuando estén se les pone caldo, polvo de pimienta y clavo.

COLES RELLENAS.

A las coles de un tamaño regular se les quitan las hojas verdes más gruesas y se ponen á hervir por espacio de un cuarto de hora; se sacan y aprietan para que no les quede agua; se les quita el cogollo para rellenarse con lo que se quiera; después se cubre cada col con sus hojas y se atan para ponerlas en una cacerola, en la cual habrá lonjas de tocino ó rebanadas de jamón; se ponen al derredor de la cacerola cebollas y zanahorias rebanadas; se les pone caldo y un poco de vino blanco: ya cocidas y reducida la salsa se apartan del fuego y se desatan, rociándolas con su misma salsa pasada por un cedazo.

CHILES FRIOS.

Después de asados y desvenados los chiles, se ponen en vinagre con sal, pimienta, cebolla rebanada, ejotes, calabacitas y zanahorias; estas verduras sancochadas: al día siguiente se sacan los chiles y se enjugan con un lienzo; la verdura se pica y se sazona con poca pimienta, queso fresco y aceite: con este picadillo se rellenan los chiles, poniéndoles en el centro sardinas; en seguida se aprietan entre las manos y se ponen en el platón, que tendrá polvo de queso fresco; por encima se les pone más queso, aceite, aceitunas y yemas picadas.

OTROS RELLENOS.

Asados los chiles, limpios del pellejo y semillas, se ponen por algunas horas en agua con sal y vinagre; se fríe en aceite cebolla picada, chícharos cocidos y molidos, camarones cocidos, pelados y desmenuzados, jitomate asado y exprimido, pimienta y sal; con esto se rellenan los chiles después de escurridos y se cubren con salsa de jitomate asado y molido con pimienta, ajo, sal, tomillo y tiras de tornachile: todo esto se fríe con anterioridad en aceite y manteca.

OTROS RELLENOS CON CHÍCHAROS.

Se fríen cebollas y jitomates muy picados, con sal y polvo de clavo; luego se agregan chicharos, ejotes cocidos y unos huevos á medio batir; cuando ya está cuajado y frio se rellenan los chiles, se envuelven con huevo para freirlos y se sirven con cualquiera salsa.

OTROS EN FRIO.

Asados los chiles en buena lumbre, se envuelven en un cotense y estando frios se pelan y ponen en aceite, vinagre y sal, poniéndoles encima algo que los apriete: al día siguiente se rellenan con aceitunas, chorizo y jamón frito: se sirven con bayonesa.

OTROS.

Se ponen à remojar chiles anchos secos y después de desvenados se les pone vinagre.

El relleno se hace de carnero cocido: se fríe primero cebolla, jitomate y ajo, todo picado; allí se revuelve el carnero y un poco de vinagre; con esto se rellenan los chiles, y por encima se les pone aceite, vinagre, perejil, cebolla cocida, fruta en vinagre y jitomate asado y exprimido.

CHILES RELLENOS DE CARNE.

Asados los chiles verdes, pelados, desvenados y bien desflemados, se rellenan con el siguiente picadillo: Picado el lomo de puerco, se coce con agua, sal y chorizo: por separado se fríe en manteca cebolla, jitomate, chile verde y ajos, todo picado; estando frito se le agrega el lomo y el chorizo, después de molido para que acabe de sazonar, se le pone clavo, pimienta y un poco de caldo; así que esté seco se le agrega huevo cocido picado, aceite y vinagre; después de rrellenos se les da una volteada en harina, se envuelven en huevo batido, se fríen en manteca, y cuando esté todo rendido se le agrega sal, azafrán, el caldo en que se coció el picadillo, vinagre y aceite; con esto se deja hervir para que acabe de sazonar.

ENCHILADAS.

Se hacen las tortillas muy delgadas, se fríen en manteca muy caliente y se ponen en el siguiente mole: se fríe chile ancho, molido con un poquito de orégano; en seguida se ponen allí las tortillas para que den un hervor, después del cual se sacan y se les pone queso seco rallado, cebolla picada, chorizo y longaniza frita.

OTRAS DE CHILE VERDE.

Se fríen como las anteriores y se van echando en chile verde, hecho en el molcajete; luego que den un hervor se apartan y se les pone panela fresca y cebolla picada.

OTRAS DE JITOMATE.

Se preparan como las anteriores, con la diferencia que en vez de chile, llevan jitomate, y se rellenan con picadillo y queso seco.

SALSAS Y ENSALADAS.

SALSA DE MOSTAZA INGLESA.

Al polvo de mostaza inglesa se le va incorporando agua tibia; á ésta se le habrá disuelto sal y un terroncito de azúcar: ya que esté bien mezclado, se le agrega aceite y un poco de vinagre.

OTRA DE NUEZ.

Peladas las nueces se muelen con unas almendras tostadas, se les pone vinagre, sal, poco azúcar y polvo de canela.

OTRA DE CHILES.

Quitando la semilla á los chiles mirasol, se tuestan y muelen con orégano, sal y una hoja de ápio; se alza este polvo en pomos, y cuando quiera hacerse uso de él se le agrega vinagre fuerte.

OTRA DE PEREJIL.

Después de cocidas unas yemas de huevo, se muelen juntas con un puñado de perejil y pan dorado; se fríe esto en manteca y se le pone sal y vinagre.

OTRA DE JITOMATES.

Asados y molidos unos jitomates, se fríen en manteca y aceite con sal; se mezclan con vinagre, orégano, más aceite, cebolla cocida y deshojada, tiras de tornachile y polvo de pimienta.

OTRA DE CHILE.

Remojado y desvenado un chile ancho, se muele con pan, sal, almendras peladas, clavo, canela, azúcar y un poco de vino.

OTRA DE BETABEL.

Se cocen los betabeles en agua de tequesquite; se pican, y en el caldillo colado se pone azúcar, polvo de canela, vino, vinagre, perejil picado y el betabel.

SALSA DE BETABEL.

Se muele una poca de almendra y un pedazo de betabel cocido; en seguida se pasa por un cedazo con el agua con que se coció el betabel y se sazona con poco aceite, vinagre y un terroncito de azúcar.

OTRA DE JITOMATE.

Se parten los jitomates por la mitad como se parte una naranja; se sancochan en agua para que se pelen; se exprimen y cuelan: para doce libras de jitomate, una onza de canela, media de clavo, una cucharada de mostaza y media onza de pimienta, todo esto en polvo, poniéndole en seguida media botella de vinagre fuerte; luego se pone á hervir hasta que espese, mezclándole sal y chile al gusto.

OTRA.

Se parten jitomates, cebollas y chiles verdes gordos; se fríen en aceite y se les pone un poco de caldo para que se cuezan, agregándole pimienta y nuez moscada; después se pasa por una coladera exprimiendo bien todo ésto: se puede servir fría ó caliente, adornándola con aceitunas partidas.

OTRA.

En manteca y aceite se fríen jitomates y cebollas enteras, cuidando de que no esté la cazuela destapada; ya cocidas se muelen juntamente con canela y clavo, y para servirla se le agrega vinagre y azúcar.

OTRA DE COL Ó COLIFLOR.

Se cuece el col con sal, y antes de sacarse se le pone nata de leche, polvo de pimienta y nuez moscada: para servirse se le mezcla mantequilla caliente.

ENSALADA DE COLES.

Se cuecen con dos cabezas de ajo, sal y vinagre; al siguiente día se muele jitomate asado y pimienta; se revuelve con la col picada, se le agrega aceite, vinagre, sal, polvo de orégano y perejil picado: ya puesto en el platón se adorna con fruta en vinagre y rabanitos.

OTRA DE COLIFLOR.

Después de cocida, se fríen en aceite ajos partidos, y ya dorados, se sacan para freirse la coliflor en trozos no muy chicos; se saca y se sazona con aceite, vinagre, aceitunas y tornachiles.

OTRA DE COL.

Picada la col se pone á cocer con agua, sal y jitotomates crudos y molidos, y sazonada con aceite y vinagre.

OTRA DE CALABACITAS.

A las calabazas cocidas y picadas, se les ponen tiras de durazno y pera, también cocidas, granos de granada, vinagre y azúcar.

OTRA DE EJOTES.

Deshebrados y picados se pondrán á cocer en agua que ya esté hirviendo para que queden verdes, poniéndoles sal, ajos y pimienta molida; así que estén cocidos, se apartan y se les escurre el agua por un cedazo: se freirán en manteca ajos partidos, y ya dorados se sacan y se medio fríen los ejotes, y sacados de la manteca se sazonan con aceite, vinagre, alcaparras, cebolla picada, chilitos y aceitunas.

Ensaladas.

ENSALADA DE COLIFLOR.

En agua hirviendo se pone el coliflor picado; cuando está cocido, se fríe en manteca, cebolla, jitomate y tres dientes de ajo, todo picado; en seguida se le incorpora vinagre, aceite, sal y el coliflor.

CEBOLLITAS EN VINAGRE.

Peladas las cebollas, se ponen por espacio de veinticuatro horas en jugo de naranja agria hasta que las cubra; pasado este tiempo, se lavan con agua, y se ponen en una olla con bastante sal, mejorana y el vinagre; á los ocho días, ya se puede hacer uso de ellas.

RECETA PARA FRUTA EN VINAGRE.

Se pone agua á hervir, se echan ejotes y calabaza tajada á que den unos hervores, é inmediatamente se ponen en agua de la más fría; ésto se hace dos veces; el chile que se quiera echar, nomás una sola vez; la cebolla se lava muy bien á que se desfleme y despúes á la agua hirviendo una sola vez, y así que esté todo ésto, se pone en una olla con toda la fruta que se quiera; ésta va en crudo, á cubrirse todo con vinagre, bastante orégano, una poca de panocha y sal; se tapa la olla con un cotense y se amarra; al día siguiente se ve si le hace falta sal ó dulce y se le pone al gusto; á los tres días se pone en pomos y se hace uso de ella.

———

TAMALES.

Para tres cuartillos de nixtamal bien refregado y descabezado, diez y siete onzas de manteca sin derretir. Se muele el nixtamal con muy poca agua, cuidando esté muy remolido; se le pone la manteca y la sal. Se bate dos horas, al fin de las cuales se hacen los tamales, teniendo cuidado de amarrarlos de las dos puntas, que quede flojo el tamal y apretado el nudo; se cocen á fuego violento y poca agua: á los de azúcar se les pone canela y almendrones.

SEGUNDA PARTE.

REPOSTERIA,

TORTA DE LECHE.

Se endulzan tres cuartillos de leche con una libra de azúcar; se ponen á hervir con canela y hojas de naranjo; luego se cuela, se vuelve á la lumbre hasta que espese como atole y se le pone polvo de canela y dos onzas de azúcar quemada; cuando tome punto de cajeta se le mezclan ocho huevos, claras y yemas sin batir y se vacía en la tortera, poniéndola en baño María para que acabe de cuajar.

TORTA DE MANTEQUILLA.

En una cazuela untada de mantequilla, se pone una capa de rebanadas de bizcocho frío, otra de rebanadas de panela y otra de papas cocidas y en ruedas; por encima se le ponen unas bolitas de mantequilla, azúcar y canela en polvo; luego se pone á dos fuegos hasta que cuaje.

TORTA DE ARROZ.

Se lava y pone á cocer el arroz; se muele y cierne; de este polvo se miden dos pocillos y se amasa
con una taza caldera de mantequilla sin derretir, poniéndole azúcar y canela al gusto; en seguida se baten ocho claras de huevo hasta que estén muy espe-
sas; luego se le mezclan las yemas y se siguen batiendo; cuando ya esté de punto se revuelven con la
masa, se vacía en una cacerola untada de mantequilla y se pone á dos fuegos lentos hasta que dore y
salga limpio el popote.

TORTA DE CALABAZA.

Después de cocida la calabaza de castilla, se pela
y muele. Se clarifica una libra de azúcar para libra
y media de calabaza; en seguida se revuelve la miel
con la calabaza, se pone á la lumbre para que tome
punto de cajeta; entonces se saca y se deja enfriar,
para revolverle bizcocho molido y huevo batido, y
ponerla en la tortera untada de mantequilla, dejándola que se cueza á dos fuegos; cuando salga limpio
el popote, se parte en rebanadas y se sirve con miel.

TORTA DE PERÓN.

Se pela y cuece el perón; se muele y echa en almí-

bar, cuidando que no quede muy dulce; en seguida
se pone á la lumbre para que tome punto de cajeta
no muy alta; entonces se vacía en una cacerola untada de mantequilla, poniéndole una capa de bizcocho molido con azúcar y canela y unas bolitas de
mantequilla, otra capa de cajeta y la última de polvo de bizcocho; se deja cocer á dos fuegos.

OTRA DE ARROZ.

Se coce el arroz y se le pone la leche, azúcar al
gusto y unos granos de sal; se deja hervir hasta que
quede muy espeso; entonces se aparta de la lumbre,
y al día siguiente se le mezcla huevo batido y se pone en la cacerola que estará untada de manteca; se
pone á dos fuegos para que cuaje y se sirve en trozos con miel de medio punto.

TORTA DE NATILLAS.

A cuatro onzas de natillas que estén frías y espe-
sas, se le mezcla mamón dorado y martajado, todo
el que necesite para formar una pasta bien espesa;
se le agregan doce yemas batidas hasta estar duras
y seis claras lo mismo y en un cazo untado de mantequilla se vacía para que á dos fuegos se cuaje y
así que esté se le pone libra y media de azúcar cla-

rificada, hervida con canela y hojas de naranjo, y cuando esté conservada y seca se pone en un platón y se adorna con piñones.

———

BUDÍN DE LECHE.

A seis cuartillos de leche, se les pone una libra de harina, libra y media de azúcar y unas rajitas de canela; se dejan hervir hasta que queden en la mitad y puedan colarse por un cedazo; luego que esté fría, se le mezclan yemas de huevo nomás reventadas para darle color y onza y media de bizcocho, todo bien incorporado; se vuelve á pasar por el cedazo y se vacía en un molde untado de manteca y polvo de bizcocho, y se coloca en un trasto para que cuaje.

———

BUDÍN DE REQUESÓN.

En veinticinco yemas de huevo batidas hasta estar duras, se mezcla libra y media de azúcar cernida y otro tanto de requesón molido, pasas, almendras partidas, nueces, piñones y bizcocho tostado y molido, todo el necesario para formar la pasta, y untados los moldes de mantequilla se meten al horno, cuidando de que no se venteen.

———

BUDÍN DE NOCHÉ BUENA.

Libra y media de harina, una de pasas deshuesa-das, dos huevos y una libra de sebo de riñonada despellejado; se pica el sebo y las pasas y se incorpora bien la harina; se pone en la tabla en que se ha de amasar junta con el sebo y las pasas y se moja con los huevos; la parte que quede seca se le pone leche y se hace un bollo.

En un caso con agua hirviendo se moja un cotense; en seguida se exprime y se rocía con una poca de harina: en este cotense se envuelve el bollo y se amarra de las puntas, cuidando de que quede flojo; en seguida se pone en el caso por espacio de cuatro horas sin que deje de hervir; al sacarse se rocía con coñac, se le prende fuego y se sirve con crema muy caliente.

BUDÍN DE ALMENDRA.

Tres cuartillos de leche se endulzan y se les pone vainilla; se hierven hasta que tome punto de postre; se saca de la lumbre y deja enfriar para revolverle cuatro onzas de almendra molida disuelta en medio cuartillo de leche y tres yemas de huevo sin batir; todo esto se cuela para ponerlo en la budinera, en la que se habrán quemado tres onzas de azúcar: se cuece en baño de María con fuego encima.

TORTA DE ARROZ.

Se lava una libra de arroz y se asolea, luego que esté seco, se muele, se cierne y se amasa como para tamales, con una libra de mantequilla derretida y otra de azúcar molida; en seguida, se le incorporan dieciseis huevos muy bien batidos, primero se le mezclan claras y después las yemas, y se vacía en los moldes que estarán untados de manteca; para meterlos al horno ó cocerlos en rescoldo con lumbre encima.

TORTA DE LECHE Y COCO.

Se hace la conservilla con un coco y dos libras de azúcar, cuando despegue del caso, se le ponen ocho cuartillos de leche, que ya estará bien recocida y aromatizada con vainilla, y se vuelve á la lumbre para que tome punto de cajeta; cuando esté fría, se le mezclan dieciseis yemas y seis claras batidas por separado y polvo de mamón; para que acabe de tomar consistencia se coce en el horno, y se sirve con almíbar.

TORTA REAL.

Una libra de harina se amasa con dos onzas de

manteca derretida, dieciseis yemas de huevo, dos claras bien batidas, cuatro onzas de azúcar en polvo, que se mezclará con los huevos, lo mismo que un cuarto de aguardiente y otro de agua de azahar; cuando ya esté suave, se le pone una libra de almendra martajada, dos de azúcar y más agua de azahar; y si acaso quedare durita, se le ponen dos ó tres claras más. Se pone á cocer como todas las tortas.

BUDÍN.

A libra y media de harina se le mezcla una de sebo de riñona la que esté fresco y duro, dos huevos, vatiéndose aparte la yema de la clara, una cucharadita de carbonato de sosa, un poco de sal, una libra de pasa deshuesada y picada, y la leche que sea necesaria para que junte: se deja hervir cuatro horas.

TORTA DE GARBANZO.

Se pone un cuartillo de garbanzo á remojar, se pela y se coce para revolverlo con un cuartillo de leche hervida, endulzada con una libra de azúcar y unas rajitas de canela; en seguida se cuela para volverlo á poner en la lumbre hasta que tome punto de cajeta; entonces se saca, y se le mezclan doce huevos bien batidos como para freir, pero esto será después que se haya enfriado la cajeta; luego se vacía en el molde, que estará untado de manteca y polvo de bizcocho, poniéndola luego en el horno para que se cueza.

QUESO DE NÁPOLES.

Se hierven ocho cuartillos de leche endulzándolos con una libra de azúcar; se cuela y vuelve á poner á la lumbre con media libra de almendra, hasta que tome punto de cajeta; fuera de la lumbre, se menea con la cuchara para que se enfríe y ponerle quince claras sin batir, y se baten con la cuchara hasta que hagan vejigas; entonces se vacía en el molde y se pone como la jericalla para que cuaje; cuando esté cuajada y fría, se pone en un platón y se le unta canela en polvo por todos lados.

LECHE PARDA.

Después de cocidos ocho cuartillos de leche, se endulzan y se les incorporan ocho yemas de huevo; en seguida se cuelan y se vuelven á la lumbre con una cáscara de limón, así que está de medio punto, se le agrega media onza de almendra con cáscara tostada y molida y un poquito de almidón; ya que están para tomar punto, se les pone una onza de canela en polvo, cuidando de que no se haga bolas.

POSTRE DE LIMÓN.

Se endulza la leche y se pasa por una servilleta; se pone ha hervir con almendra molida, y ya que esté espesando, se raspan con azúcar unos limones tiernos y se le ponen los terrones de azúcar á la leche; así que esté de punto, se vacía en el platón y se deja enfriar para ponerle polvo de mamón, y plancharla con la plancha muy caliente hasta que dore.

LECHE DE COCO.

Se ralla el coco y se pone á la lumbre en una cazuela para que se caliente un poco; luego se esprime en un cotense para sacarle la leche; de ésta se miden tres tazas y se revuelven con otras tres de almíbar y seis yemas de huevo; ya todo revuelto, se pone á la lumbre y se está meniando hasta que tome punto de postre.

OTRO POSTRE.

Después de hervida la leche, se espesa con harina y se tiñe con unas yemas de huevo; se cuela por servilleta y se vuelve á poner á la lumbre con vainilla; luego que está de medio punto, se endulza y se le ponen unas claras de huevo batidas, cuidando de ponérselas cuando esté la leche hirviendo, se sigue meniando para que tome punto de postre.

LECHE DE MANZANA.

Se hierve la leche con un poco de arroz y se tiñe con yemas de huevo; en seguida se cuela por servilleta y se vuelve á la lumbre, poniéndole vainilla y el azúcar necesaria, y cuando comience á espesar, se le ponen las manzanas que estarán cocidas, peladas, descorazonadas y molidas; se sigue meniando hasta que tome punto.

OTRA DE MELÓN.

Se procede en todo como la anterior; y cuando ya esté tomando punto é hirviendo, se le mezcla melón blanco molido para que acabe de tomar el punto.

144

LECHE ACARAMELADA.

En ocho cuartillos de leche muy endulzada, se mezclan siete onzas de arroz molido y colado en leche; cuando comience ha hervir, se le pone vainilla, media libra de almendra remojada y molida, y una onza de almidón; deshecho todo en una poca de leche, y así que esté de punto, se le quita la vainilla y se vacía en el platón y se acaramela como sigue:

Se prepara un poco de almíbar de punto de quebrar y se echa en un embudo para formar las labores sobre la leche, y si acaso se quiere la leche dorada, entonces se cubre con el caramelo, emparejándolo con una cuchara.

LECHE DE SUMO DE NARANJA DE CHINA.

Después de endulzada la leche, se le pone arroz molido el necesario para que tome cuerpo; después de colado en la leche, se pone el caso en la lumbre, ecuidando no se asiente el arroz, y cuando ya esté de punto se le mezcla el sumo de la naranja, éste será todo el que necesite para que tome buen gusto, y si se quisiere encarnada, se tiñe con sumo de tuna morada.

LECHE FRITA.

Endulzados cuatro cuartillos de leche, más de lo regular, se le mezclan dieciseis yemas; ya deshechas, se cuela la leche y se pone al fuego; luego que suelte el hervor, se le mezclan dos pocíllos de harina deshecha en leche y unas hojas de naranjo; cuando esté algo espesa, se le agregan cuatro onzas de almendra molida y disuelta en leche; cuando tome punto más alto que el de cajeta, se vacía en platos hondos sobre polvo de bizcocho molido; al día siguiente se cortará en trozos del tamaño que se quiera, y cada uno se irá revolcando en polvo de bizcocho con azúcar y canela; así se fríen en mantequilla quemada, y conforme se vayan sacando, se irán poniendo en el platón, echándoles más azúcar y canela.

Toda leche que se pase de punto, siempre que esté en consistencia de poderse rebanar, se podrá hacer también como ésta.

———

ANTE DE MANTEQUILLA.

Después de clarificada una libra de azúcar, se le deja que tome punto de quebrar y se aparta del fuego para ponerle una libra de mantequilla; cuando ya se enfríe, se le mezclan cuatro yemas de huevo con una poca de almendra tostada y molida; en-

tonces se vuelve á poner al fuego para que se cueza; en seguida se vacía en el molde sobre capas de
mamón rebanado, y si se quiere, se le pone la última
capa de requesón con pastillas de olor, y se deja que
cuaje á dos fuegos.

ANTE DE PIÑÓN.

Se muele un cuartillo de piñones, doscientas nueces y media onza de canela; á esto se le mezcla una
libra de almíbar de medio punto.

Las rebanadas de mamón se mojan con vino jerez, se ponen en el molde capa y capa y se cuaja á
dos fuegos.

OTRO DE PASAS.

Se endulza un poco de vino tinto y se le ponen
pasas deshuesadas; cuando éstas estén bien remojadas, se vacían en un platón sobre rebanadas de mamón y se adorna con polvo de canela.

ANTE DE LECHE.

Se pone á hervir la leche con azúcar y un poco de
azahar para aromatizarla; después de hervida se de-

ja enfriar para ponerle un poco de arroz molido y yemas de huevo para que tome color; en seguida se cuela y se vuelve á la lumbre, dejándola que tome punto de crema especita, y en el platón se van poniendo capas de mamón mojado con miel y vino y capas de la leche; la última será de leche.

OTRO DE MANTEQUILLA.

A una libra de azúcar clarificada y caliente, se le pone libra y media de mantequilla; luego que se disuelva la mantequilla, se pone en un platón una capa de la miel, otra de pasas, almendras, nueces y polvo de canela, la última capa que será de la miel, se cubre con betun y se le pone un comal con rescoldo para que seque el betun.

MASAPAN DE ALMENDRA.

A tres libras de azúcar de punto de alfiler, se les mezcla una libra de almendra pelada, molida y asoleada, una cuarta de onza de canela en polvo, una rosquita de pan blanco tostada y molida; se deshace todo en la miel y se vuelve á poner en la lumbre para que tome punto, éste será echando una gota en una cuchara y que no se corra ladiándola; entonces se saca, y cuando esté tibio, se pone en cajones forrados de obleas.

OTRO.

En dos libras y media de azúcar clarificada de punto que junte en el agua, fuera de la lumbre, se mezclan dos libras de almendra tostada y molida, que quede granosa y una onza de pan tostado y molido; se vuelve al fuego para que dé un hervo', se aparta de la lumbre para batirlo hasta que quiera cuajar; luego se le pone polvo de canela y se vacía en cajones ó en cajitas de papel de colores.

MASAPANES RELLENOS.

En media libra de azúcar cernida se mezcla media de almendras remojadas y no muy remolidas y una poca de agua de azahar; con esta pasta se hacen las figuras que se quieran; para rellenar éstas serán no muy delgadas y se dejan orear hasta que estén secas, de modo que puedan recibir la pasta que se les eche, que será de la manera siguiente: con yemas batidas y vino jeneroso, ó preparada con una libra de azúcar cernida, media de almendras molidas, una taza de natillas y polvo de canela, ó con conservilla de coco; con cualquiera de estas pastas se rellenan los moldecitos, poniéndoles en seguida grajea para meterlos al horno un corto rato, cuidando de que el horno esté templado.

MASAPAN DE COCO Y SEMILLAS
DE CALABAZA.

En una libra de azúcar clarificada y de punto que junte en el agua, fuera de la lumbre, se mezclan diez onzas de semillas de calabaza peladas, quitadas las telitas verdes y molidas, cuatro onzas de coco bien molido; estando incorporado, se vuelve al fuego á que hierva un poco, se aparta y se bate hasta que quiera cuajar; entonces se pone en obleas para cortarlos como se quiera; si la pasta saliere dura, se rocía con agua y volverá á la lumbre para que suelte.

BOCADILLOS DE REQUESÓN.

En libra y media de azúcar de punto que junte bien en el água y fuera de la lumbre, se le mezclan doce yemas de huevo cocidas, juntas con una libra de requesón y dos libras de almendras remojadas; todo esto bien molido, se mezcla con la miel para volverlo á la lumbre; y cuando se le vea el fondo al caso por todos lados, se aparta, se bate y se mezcla una cuarta de onza de canela en polvo y se vacía en cajetillas de papel de colores ó en un cajón forrado de obleas, y así que esté frío, se saca y se le quitan las obleas, cortándose del tamaño que se quiera.

OTROS DE PIÑA.

En dos libras de azúcar, se mezcla una piña pelada, molida y exprimida, agregándole un poco de su jugo; se pone á la lumbre para darle el punto de los anteriores, y en todo lo demás se concluye lo mismo.

CONDUMBIOS DE GUAYABA.

Pelada y sin semillas se muele; una libra de ésta se mezcla con libra y media de azúcar de punto que cuaje en el agua y puesta al fuego se le dá el de cajeta alto; se aparta, se bate y antes que cuaje se hacen bolitas revolcándolas en azúcar molido, mezclándola con polvo de canela. Los de cacahuate se hacen en la misma disposición.

YEMITAS NEVADAS.

Clarificada una libra de azúcar y de punto que junte en el agua, se aparta, se deja reposar para mezclarle ocho yemas á medio batir y polvo de canela al gusto; se vuelve á la lumbre y así que haya cocido el huevo, sin dejar de moverlo se quita de la lumbre para batirlo hasta que se haga bola, entonces se echa en un plato sobre polvo de azúcar, de allí se va tomando para hacer bolitas y revolcarlas en azúcar cernida. Se hace almíbar de punto que haga hebra entre los dedos sin cortarse, se vacía en un sartén y pasada media hora, puesto en donde tenga fresco, se ponen las yemitas al derredor del sartén que no queden unidas, y haciendo ruedas se irá llenando quedando la mitad ó poco menos de fuera, y á las diez horas se sacan con cuidado desprendiendo la torta primero por el derredor del sartén, y se pone sobre una tabla para que se oreen y se puedan separar. Se pueden adornar con motitas de colores puestas en un alambre, poniéndoselas antes de meterlas en el almíbar.

SUSPIROS.

Se baten yemas de huevo, y cuando estén duras se les mezcla azúcar cernida hasta que esté la masa consistente para echarla con cuchara en papeles y que no se corra; entonces se mete al horno templado para que dore.

OTROS SUSPIROS.

Se hace un cerco con una libra de harina, en medio se le pone otra de azúcar en polvo, canela des-

pedazada, cinco yemas, dos onzas de almendra molida, una de pasas picada, catorce onzas de manteca
y un polvo de carbonato; todo esto se amasa hasta
que quede la masa suave, si queda muy blanda se
le pone más harina; luego se hacen las bolitas, se
van poniendo en las hojas de lata, se untan con yemas de huevo por encima y en medio se les pone la
mitad de una almendra para meterlas al horno que
estará templado.

BIGOTES.

Se endulzan siete cuartillos de leche, se hierven
con vainilla; en seguida se les pone cuatro cucha-
das de harina y cinco yemas de huevo; cuando despegue del caso se vacía y estando fría, se hacen trocitos, se bañan con huevo cortado, se doran en mantequilla y se revuelcan en polvo de mamón, azúcar
y nuez moscada.

OTROS.

Se baten seis onzas de mantequilla con seis de
azúcar bien molida; en seguida se le ponen seis huevos, primero las yemas y después las claras, cuatro
onzas de pasas deshuesadas y una copa de aguardiente; estando todo envuelto, se extiende en las ho-

jas de lata untadas de mantequilla, se meten al horno, se sacan á medio cocer y se hacen taquitos, poniéndoles por encima betun y se vuelven á meter al horno para que sequen.

EMPANADAS DE JOCOQUI.

A un cuartillo de jocoqui, cinco yemas y harina suficiente para que quede como atole espeso; todo esto se bate muy bien con un molinillo, luego se pone á derretir tantita mantequilla, y echando de este atole para formar tortillitas las que se rellenan de la manera siguiente: se pela y rebana perón, se muele azúcar y canela y se pone á hervir; cuando esté bien conservado el perón, se rellenan las tortillitas dándoles forma de empanadas, y en seguida se cubren con polvo de azúcar y poca nuez moscada.

MAMEYITOS.

A dos libras de azúcar clarificada y colada, otras dos de mamey molido; se pone en la lumbre y se le mezcla una cuarta de canela en polvo; cuando despegue del cazo por todos lados, se vacia para hacer los mameyitos y cubrirlos con polvo de bizcocho y canela.

PERONATE.

A ocho libras de azúcar de punto de quebrar, se le ponen seis libras de perón ó manzana chata cernidas y dos de camote también cernido; cuando se le vea el fondo al cazo, se quita del fuego para que se enfríe un poco, pero sin batirlo, y se vacía en los moldes.

OTRO.

Se pone el perón todo el día en el agua, y con un estropajo se refriega y se le quitan todos los prietos y manchas para cocerlo; ya cocido, se cierne y se le pone camote también cernido: para cuatro libras de masa de perón, una de camote y libra dos onzas de azúcar; antes de colar la miel, se le exprimen dos limones, se deja que tome punto de bola para ponerle la masa, y cuando se forme un bordo al derredor del hervor, se saca y pone en los moldes.

DURAZNATE.

Se pela el durazno y se rebana; estando caliente el agua, se sancocha y luego se pasa á la agua fría. Para tres libras de durazno y tres cuartillos de mucílago de tejocote, tres libras de azúcar en polvo; se pone á fuego violento, y cuando se le vea el fondo al cazo, se quita de la lumbre y se vacía en los moldes.

HIGATE.

Para cuatro libras de perón cernido, dos de higo también cernido y seis de azúcar de punto de bola dura; cuando esté todo mezclado, se pone á la lumbre, agregándole una hoja de higuera, la que se le saca luego que dé unos hervores; luego que tome punto, se le ponen las semillas del higo y se aparta de la lumbre; cuando esté frío, se vacía en los cajoncitos.

MEMBRILLATE.

Después de quitarles á los membrillos las manchitas, se ponen en agua de sal; luego se enjuagan en agua pura: ya estará una olla de agua hirviendo, en la que se irán echando los membrillos; se tapa la olla y cuando empiecen á reventarse los pellejos, se sacan de uno en uno, para ponerlos á estilar en un chiquihuite grande para que no se amontonen; inmediatamente se ciernen, cuidando de no cernir nada de lo duro del corazón. De veinticinco membrillos grandes, salen seis libras; sabiendo esto, se puede poner la miel á clarificar cuando se ponga la fruta á cocer, para que estén á un mismo tiempo, la fruta cernida y el almíbar de punto; para libra y media de azúcar, una de membrillo; cuando esté la miel de punto de quebrar, como tepalcate, se le pone la fruta juntamente con dos cucharadas de corazón de membrillo; para cada libra de fruta, cuando se pongan á remojar se ponen las puras semillas para que quede muy blanca; luego que se desbaraten las bolas se saca de la lumbre y sin batirlo se vacía en los moldes. Si se quiere, cuando se le ponga la fruta á la miel, se le agrega un polvo de azúcar con zumo de naranja agria que no esté amarilla.

CHIRIMOLLATE.

A dos libras de azúcar de punto de espejo, se le pone medio cuartillo de mucílago de tejocote y cuando vuelva á estar de punto de espejo, se le agrega una libra de camote cernido y otra de chirimolla tambien cernida; cuando despegue del caso, se saca y se bate mucho para que quede blanco.

PIÑATE.

A nueve libras de azúcar de punto de quebrar, se

le mezclan cinco cuartillos de mucílago de tejocote; cuando esté de punto de espejo, se le agregan dos libras y media de camote amarillo cocido y cernido y una piña también cernida; cuando despegue bien del cazo, se saca y se bate mucho.

DURAZNATE.

A una libra de perón, dos de durazno y tres libras seis onzas de azúcar; el durazno se pela, se parte en pedazos y se va poniendo en agua; después se pasa á la agua hirviendo para que se cueza; entonces se saca, se muele y se cierne.

El perón se parte y se pone á cocer en agua hirviendo; luego que esté se cierne; el perón ha de ser cristalino; cuando la miel esté de punto alto se baja el cazo y se bate para que cuaje y se ponga blanca; también se le ponen unas gotas de limón cuando se esté batiendo; luego que ya esté blanca la miel se le mezcla la fruta y se pone en la lumbre para que tome punto de cajeta.

GUAYABATE.

A seis libras de azúcar clarificada y de punto de quebrar, se le ponen cuatro de guayaba cernida y dos cuartillos de mucílago de tejocote; el punto se le dá envolviendo la punta de un cuchillo en papel mojado y metiéndolo violentamente al cazo, si despega se quita de la lumbre para batirlo hasta que se enfríe; en seguida se vacía en cajones forrados de papel.

PIÑATE TRASPARENTE.

A una cuarta de azúcar clarificada y de punto de quebrar, se le ponen ocho cuartillos de mucílago de tejocote muy espeso y dos libras de sidra desamargada y rallada; se deja hervir hasta que despegue bien del cazo; entonces se le ponen dos piñas molidas: cuando suelte el hervor, se quita de la lumbre para que se enfríe y poderlo vaciar en los moldes.

LIMONATE.

Cuando estén de punto de quebrar siete libras de azúcar, se le mezclan tres cuartillos de mucílago de tejocote, libra y media de limones desamargados y cernidos, igual cantidad de camote también cernido; cuando ya esté de punto más alto que de jalea se vacía en cajones, sin vatirse.

AREQUIPA DE ALMENDRA Y PIÑA.

En nueve cuartillos de leche, se deshacen nueve libras de azúcar, se cuelan y se ponen al fuego; cuando suelten el hervor se les pone una libra de almendra remojada y no muy remolida; el punto se conocerá poniendo una poca de la leche en agua fría y que se junte con los dedos y haga bola; entonces se le mezcla una piña cocida y molida y se deja que vuelva á tomar el mismo punto; entonces se aparta, se vacía en cascos y al día siguiente se asolea para que tome corteza.

OTRA DE VINO.

Se endulzan cinco cuartillos de leche con dos libras de azúcar; después de colada se pone al fuego agregándole media libra de almendra molida como arroz; cuando comience á espesar se le mezclan cinco onzas de mamón frío molido y medio cuartillo de vino generoso; se le dá el punto del anterior y se vacía en los cascos.

DE REQUESÓN.

A una libra de requesón, se le echa una de azúcar molida, una de arroz lavado y dos de almendras remojadas; todo molido y mezclado se pasará por un metate bajando con leche lo que le quede pegado; entonces se pone al fuego, moviéndola con frecuencia; cuando ya esté de punto, se le mezcla un cuarto de miel virgen, dejándola que vuelva á tomar el punto.

DE COCO Y PERÓN.

Después de clarificadas siete libras de azúcar, se le ponen cuatro cocos grandes bien molidos y una libra de perón cocido y cernido; se pone al fuego cuidando de moverla y se le dá el punto de cajeta.

DE PERÓN Y DURAZNO.

Se pelan los duraznos con cernada, se cocen los perones aparte; ya pelados, se muelen ó se ciernen según se quieran de finos: para tres libras de durazno, tres de perón y tres de azúcar martajada y mezclada con la fruta; se pone á la lumbre para que tome punto de cajeta.

DE PERÓN Y PERA.

Pelado y cocido uno y otra, se les quita el corazón y se procede en todo como las anteriores.

MERMELADA DE NARANJA AGRIA.

Estas serán entre amarillas y verdes, se rayan y se ponen en agua fria, y se les sacan los gajos, hecho esto, se ponen á cocer en agua con sal, que ya esté hirviendo, y cuando estén cocidas y frias, se ponen en agua tambien con sal, y se les estará mudando hasta que se desamarguen; poniéndolas al sol y al sereno, así que estén desamargadas se echan en agua hirviendo; pero sin sal, y cuando den un hervor y se enfríen se les esta mudando agua para que no le quede nada de sal; luego se muelen, y para una libra de naranja doce onzas de azúcar; cuando el almíbar esté clarificado y colado, se le mezcla la naranja y se pone á la lumbre para que tome punto de cajeta.

CAJETA DE LECHE, ALMENDRA Y

CAMOTE.

A doce cuartillos de leche, se deshacen nueve libras de azúcar, y ya colada se le hechan dos libras de camote blanco cocido y cernido; luego se pone á la lumbre, y cuando haya espesado un poco, se le mezcla una libra de almendra remojada desde el dia anterior, bien remolida y pelada; el punto se conocerá, po-

niendo una poca en agua fria y que se junte
con los dedos y haga bola.

OTRA DE PIÑA QUEMADA.

A doce libras de azúcar clarificada, se le
mezcla media libra de almendra bien molida,
cuando esté la miel de medio punto, se le revuelve una piña pelada, descorazonada y bien
molida; cuando esté bien espeso se saca de la
lumbre y se le incorporan seis yemas, pasadas
por un sedazo, y en seguida se vuelven á poner en la lumbre para que dé un lijero hervor
entónces se vacía en un platón, se le ponen por
encima un polvo de canela y otro de azúcar
grueso para poderla dorar.

COMPOTA DE DURAZNO.

Para cada docena de duraznos pelados y des-
huezados, se clarifica libra y media de azúcar,
y se echan los duraznos, hasta que estén bien
penetrados; entónces, se sacan estos de la miel,
y se deja para que tome punto de jalea, se va-
ja el cazo, se deja enfriar, y se le mezclan cuatro onzas de almendras bien molidas, medio
cuartillo de nata de leche, tambien molida, y

doce yemas batidas, se vuelve el cazo á la lumbre hasta que tome el punto de cajeta, entónces se le ponen los duraznos para que den un hervor; luego se sacan, se acomodan en el platón, y cuando la pasta vuelva á tomar punto de cajeta, se vacía sobre los duraznos, y estando fria se dora.

MERMELADA DE CIDRA.

Pelada la cidra y rayada, se pone en agua para que se desamargue; cuando esté, se pone á cocer metida en una talega de lienzo y en una libra de azúcar clarificada y colada, se mezcla media libra de cidra, y un cuarto de mucílago de durazno ó membrillo; y se le dá el punto de cajeta.

ANTES.

ANTE DE COCO Y REQUESÓN.

Se hece conservilla de coco, y tambien una pasta de requesón; en la misma disposición que la conservilla, para una libra de azúcar, libra y cuatro onzas de requesón; al día siguiente, se mezclan, y en un platón untado de mantequilla, se ponen rebanadas de mamón frio mojadas de leche hervida con azúcar y vainilla; estas se esprimen cada una entre las manos; despues. de esta capa, se pone una de conservilla; en seguida, otra de mamón untado de mantequilla; la última será de conservilla algo gruesa, y se mete al horno que estará templado para que se medio dore.

OTRO DE ALMENDRA Y REQUESÓN

Para una libra de requesón, cuatro onzas de yemas de huevo cocidas y molidas, y una onza de piñones tambien molidos, y una de azúcar, se prepara como la anterior.

Por separado se hace otra pasta de almendra; esta despues de pelada se muele, y para una libra de almendra, dos de azúcar clarificada y de punto que junte en el agua; se hará como la anterior, y esta pasta quedará algo suelta: despues de untado el platón de mantequilla, se pone la capa de mamón mojado en leche, y no en mantequilla: la segunda será de requesón y la última de almendra metiéndola en seguida al horno.

ANTE CUAJADO.

En una libra de azúcar clarificada y de
punto que junte en el agua, se mezcla una
libra de requesón molido, ocho huevos batidos,
separadas las claras de las yemas, pasas y almendras partidas, el mamón mojado con leche
hervida con azúcar y vainilla, el platón untado
de mantequilla y sobre la capa de mamón se
pone otra de la pasta y se cuaja á dos fuegos.

OTRA DE LECHE NEVADA.

En una olla se ponen ocho tazas de natillas,
dos claras de huevo, azúcar sernida al gusto y
leche hervida con vainilla la que se juzgue necesaria: para que batiendo las natas con molinillo hagan espuma espesa y esta será la pasta con que se moje el mamón, éste irá mojado
en leche como los anteriores, se adorna con
grajea y no se dora.

ANTE DE LECHE

A ocho cuartillos de leche se le ponen seis
ouzas de arroz molido, y colado en la misma leche, diez yemas de huevo y el azúcar necesaria

cuando esté colada se pone al fuego mezclándole cuatro onzas de almendra molida, cuidando de que no se pegue; y cuando ya esté espesa de modo de poderse untar, se aparta y se concluye en todo lo demás como el anterior.

ANTE DE ALMENDRA.

A una libra de azúcar clarificada y de punto de quebrar, se le mezcla media libra de almendra pelada y molida, y cuatro yemas de huevo; así que esté de modo de untarse, se aparta de la lumbre, y mojando el mamón en almíbar con vino, se concluye como los anteriores.

OTRO DE SEMILLAS DE CALABAZA.

Hecha la pasta como la anterior pero sin huevo. A una libra de semillas peladas tres de azúcar, el mamón se moja en leche hervida con azúcar y canela, y concluido como los otros.

ANTE DE COCO Y PIÑA.

Se hace la conservilla con dos libras de azúcar, una de coco y media de piña cocida, y todo molido: el punto de cajeta bajo, el mamón mojado en almíbar hervido con canela y mezclado con agua caliente; en lo demás como los anteriores.

El de coco y perón, se hace lo mismo la conservilla; una libra de coco media de perón y dos de azúcar.

ANTE DE ALMENDRA Y PIÑA.

A libra y media de azúcar clarificada y de punto que junte en el agua, se mezcla media libra de almendras remojadas y media de piña cocida, todo molido; el punto y demás como el anterior.

ANTE DE PLATANOS.

Pelados y molidos los plátanos, se pesa una libra de estos para una libra de azúcar clarificada, y hecha la pasta como las anteriores; mojando el mamón en almíbar con agua de azahar y canela, se concluye como los anteriores.

PERONATE CRISTALINO.

Se pone el perón todo el día en agua, y al

siguiente se lava con un estropajo para quitarle todos los prietos y manchitas que tenga,
se pone luego á cocer y se menea solo con
la cuchara se vá sambutiendo, ya que esté muy
cocido y estilado, se cierne; y á cuatro libras de
perón se le incorporan dos onzas de camote,
tambien cernido; en seguida se pesa y á cada libra de esta masa, libra dos onzas de azúcar;
se clarifica la miel con clara de huevo y el jugo
de dos limones, ya clarificada y de punto de bola, se le pone la masa, luego que se le haga un
bordo al derredor del hervor, se saca de la lumbre y se vacía en dos moldes.

DURAZNATE.

Se pela el durazno y se rebana estando caliente el agua se sancocha, y luego se pasa á
el agua fria: para tres libras de durazno y
cuartillo y medio de mucílago de tejocote
tres libras de azúcar en polvo, ya todo incorporado se pone á fuego violento; y luego que
se le vea el fondo al cazo, se aparta de la lumbre.

GUAYABATE.

A cuatro libras de guayaba cocida y cernida,
se le pone cuatro libras y media de azúcar, y

dos cuartillos de mucílago de tejocote: se clarifica el azúcar y estando de punto de espejo
se le mezcla la pasta y el mucílago para que
tome punto de cajeta.

CONSERVA DE FRESAS.

Se pone á desflamar en agua de sal unas rebanadas de piña, luego se lavan y ponen en o-
tra agua á que yervan bien, se sacan y en esta agua se hace almíbar, y cuando esté espeso
ya para sacarse se le ponen allí las fresas para
que den un lijero hervor, sin que revienten.

CONSERVA DE LIMONES REALES.

Se pelan con cuchillo, y por un lado se le
saca un cuadrito para que quepa un dedo, y
sacarle todo el ácido y gajos; se desamargan
mudándoles agua los días que lo necesiten, y
poniéndolos al sol ya desamargados se cocen
hasta quedar tiernos pero no deshaciéndose,
así se echan en el almíbar, y luego toma el
punto de conserva, se aparta de la lumbre y
al siguiente día se le dá otro hervor para que
vuelva á tomar el mismo punto.

CONSERVA DE PERA BERGAMOTA.

Estarán sazonas; pero no maduras, despues de peladas se ponen en agua fria, se sancochan se dejan enfriar, y con una naranja se raspan á quitarles lo colorado, se enjuagan y pican con un alfiler ó espina para ponerlas en el almíbar, y se dejan conservar como los anteriores.

CONSERVA DE HIGO Ó BREVA.

Estando la breva comenzando á madurar, se pela en agua de ceniza hirviendo, echándolas en ella y moviéndolas para que por todos lados se mojen; luego que suelten el pellejito áspero, se sacan, y en agua fria se acaban de enjuagar; en seguida, se les hace una abertura en la flor, y se ponen en el almíbar, para darles sus dos cocimientos como á las otras.

Tambien se puede preparar de la manera siguiente: se pone á hervir agua con ceniza cernida, y en ella se ponen los higos para que se cosan; antes que se revienten se sacan y cuando estén frios se lavan en dos ó tres aguas, y haciéndoles una sisura en la flor, se ponen en el almíbar para que se conserve.

DE SANDÍA,

Se escojerà sasona y que sea de las que tengan mucho blanco; despues de pelada y quitado lo encarnado, se cortan los trozos del tamaño que se quieran, para ponerlos en agua de cal ó de ceniza asentada; cuando haya tomado cuerpo, que será despues de dos ó tres horas, se sacan, se enjuagan, y se ponen á cocer; despues se pican con un alfiler, y se esprimen entre las manos, para que se les salga el agua; esta se conservará dándole cuatro cocimientos, teniendo cuidado de asolearla para que se blanquié.

DE PLATANOS GRANDES.

Estos serán de los que no tienen el centro talludo, y estarán sazones; pero duros, se ponen á cocer, y luego que comiencen á reventar la cáscara, se sacan y pelan. partiéndolos en trozos para ponerlos en el almíbar, á que se conserven á fuego suave, por tres dias.

A esta conserva le queda el almíbar moradito.

TORTA DE ALMENDRA BIZCOCHO Y MANTEQUILLA.

En dos libras de azúcar de punto que junte en el agua, y estando fria, se le mezcla media libra de almendra molida, cuidando de que quede granosa, y cuatro onzas de bizcocho tostado y molido, dos de mantequilla, y media de canela en polvo, doce huevos batidos hasta estar duros, separadas las claras de las yemas, y un pocillo de miel virgen; bien incorporado todo, se vacía en un sarten untado de mantequilla, se pone á dos fuegos suaves, estando bien avenido el comal al sartén; así que esté cuajada y dorada, se voltea en un plato, y de este á otro, para que la tez le quede arriba.

OTRA.

Media libra de almendras, despues de remojadas, se muelen, se mezclan con dos libras de azúcar cernida, doce huevos batidos, separadas las claras de las yemas, y una onza de harina floriada; bien incorporado todo, sin que le quede ninguna bola, se cuaja como lo anterior, y si se quiere, se pone en miel de medio punto, para que se conserve, cuidando de menear el caso en él aire para que no se pegue.

TORTA DE BIZCOCHO Y MANTE-QUILLA.

Derretida la mantequilla, se aparta, y se le pone bizcocho tostado y molido, todo el necesario para que quede una pasta muy espesa, y para una libra de esta, se baten dieciocho huevos, separadas las claras de las yemas, y se le mezclan los huevos, para ponerla en el sartén untado de mantequilla: se le mete un popote, cuidando de que no le dé el aire para que no se aplane, y si saliere limpio el popote; luego se aparta de la lumbre, escurriéndole la poca manteca que tenga, para clavetearla con rajas de canela, que lleguen al fondo: estará clarificado el almíbar, y de punto bajo, entonces se le pone la torta para que hierva un rato; luego se saca, y al siguinte día, se vuelve á poner á la lumbre, y cuando esté de punto muy alto, se pone en el platón, y se adorna con lo que se quira.

TORTA DE ALMENDRA REQUESÓN Y CANELA.

Cuatro onzas de almendras remojadas y no muy remolidas, libra y media de azúcar cernida, media de mantequilla derretida y fria, media de requesón molido, dos onzas de mamón tostado y molido, doce huevos batidos, separadas las claras de las yemas, y canela en polvo; la que sea necesaria para darle color, todo esto se mezcla bien, y cuando no tenga ninguna bola, se vacía en un caso que estará untado de mantequilla, y sobre ella papel tambien untado; encima del papel, se vacía la pasta para que á dos fuegos suaves se cuaje.

TORTA DE REQUESÓN Y FRUTAS CONSERVADAS.

A libra y media de requesón, otro tanto de conserva de la que se quiera, menos de menbrillo, esta estilada y molida lo mismo que el requesón; si no quedare de buen dulce, se le agrega azúcar cernida, cuatro onzas de mamón dorado y molido, canela y clavo en polvo, todo esto se mezcla con doce huevos batidos, hasta estar duros, y en un sartén untado de manteca se pone á dos fuegos para que cuaje.

TEJOCOTES CUBIERTOS.

Los tejocotes se ponen á cocer hasta que se les pueda quitar el pellejo; luego se ponen en agua fría, y se les está cambiando aguas hasta que se les acabe el mucílago.

Se pone el azúcar á que tome medio punto, y se le echan los tejocotes, para que den unos hervores, se sacan de la lumbre y al día siguiente, se vuelven á poner á hervir hasta que se vean que estén bien conservados: se ponen á estilar en una tabla, y al día siguiente, se revuelcan en polvo de azúcar; y si se quieren cubiertos, en lugar de revolcarlós en el polvo, se les dá un baño de miel de punto de quebrar.

CAMOTES CUBIERTOS.

Se ponen á cocer los camotes hasta que se les pueda quitar el pellejo, y se ponen en la miel de medio punto para que den unos hervores, se sacan de la lumbre, se guardan; y al día siguiente, se les vuelve á dar otros hervores, hasta que se vean con ervados. Se asolean hasta que se sequen y si se quieren azucarados despues de secos se les vuelve á dar otro baño con miel de punto de quebrar.

CACAHUATES CUBIERTOS.

Se escojerán los cacahuates que no tengan la cáscara liza y para medio almud una libra de azúcar esta martajada se pone en el cazo y se le da una rociadita con agua dejándola que tome punto de quebrar el que se conocerá cuando poniendo una poca de miel en agua se cuaje, y golpeándola contra el plato no se quiebre; entonces se le incorporan los cacahuates y violentamente se sacan de la lumbre y se baten; luego se sacan del cazo y se le dá otro baño con el polvo de azúcar que suelten; el que se vuelve á poner en la lumbre roceándolo y dándole el punto como el anterior.

PANOCHITAS DE PIÑONES Ó CACAHUATES.

A una y media libra de azúcar clarificada y de punto que junte en el agua, se le mezcla fuera de la lumbre una libra de piñones ó cacahuates molidos, en seguida se pone á la lumbre cuando tome punto de cajeta; se aparta y bate hasta que quira cuajar. entonces se vacía sobre papeles con una cuchara.

OTRAS.

A seis cuartillos de leche se les pone seis libras de azúcar. luego que se deshaga. se cuela y se le mezcla cuatro onzas de almidón deshecho en una poca de la misma leche, se pone á la lumbre para que tome punto de cajeta; entonces se aparta del fuego y se bate hasta que enpanice formando unas bolitas con una almendra adentro.

CONFLONFIOS

Azúcar molida, se pone en un cazo, y encima de ella, leche cuajada con cuajo de res, cuidando de que esté bien clara, se pone al fuego, y con el suero que suelte, y un poquito más que se le agregue, se hará el almíbar, que quede mas alto que de punto de conserva; entonces, se ponen en el platón, con cuidado para que no se desbaraten y se cubren con un poco de canela y almíbar.

ROSQUITAS DE ALMENDRA.

Molida una libra de almendra, se mezcla con libra y media de azúcar cernida; despues de bien incorporada, se sacan por la geringa las rosquitas; y al día siguiente, se ponen al sol, y cuando se hayan calentado sobre papeles, se meten al horno templado.

I. 23.

ROSCAS DE HUEVO Y CANELA.

Se clarifican dos libras de azúcar de punto de juntar en el agua, se aparta, y se le mezcla media libra de almendra molida, canela en polvo, para darle color, y doce yemas, nomás reventadas, bien incorporado todo, se vuelve al fuego, para que se cosa el huevo; luego se apartan de la lumbre, se baten poco, y se sacan por la geringa.

ROSCAS DE MANTEQUILLA.

Se lava la mantequilla con agua y un poco de nitro, se mezcla con azúcar cernido al gusto; en seguida, se van sacando, por la geringa las rosquitas, sobre un platón, adornànrolas con canela.

PASTAS PARA LABRAR.

En dos libras de azúcar clarificada de punto que junte en el agua, se quita de la lumbre para mezclarle doce onzas de almendra remojada y molida, cuando esté bien incorporada, se vuelve á la lumbre à que hierva un poco, sin dejar de menearla, entonces se saca, y se:

bate hasta que cuaje, si queda blanda se vuelve al fuego otro poco, teniendo cuidado de volverla á batir, y si queda dura se rocía con una poca de agua, volteando la masa y procurando que quede de buena consistencia para manejarse, y hacerse las figuras que se quieran, y que se irán colocando en una servilleta sobre una mesa.

Los colores que deben emplearse para imitar las frutas, son la laca, carmín, ó cochinilla para el rojo. Para el morado ó violeta, el carmín, mezclado con añil. Para el amarillo, sacataxcal ó azafrán, disuelto en agua, y colado por lienzo fino, agregándole poco alumbre. Para el verde, el güinar, la pinpinela, ú otro vejetal inofensivo, molido y colado por lienzo fino, todos se aplicarán con pincel, cuando ya esté la pasta seca y hechas las figuras.

Las pastas que siguen sirven para ponerse en moldes; pero también se pueden estender, sobre platones.

PASTA DE ALMENDRA CON CANELA.

En libra y media de azúcar clarificada de punto de conserva, y ya fuera de la lumbre, se le mezclan media libra de almendras molidas y vuelta al fuego, no se deja de menear hasta verle el fondo al cazo; entónces se saca de la lumbre, y se le agrega media onza de canela en polvo, estando bien incorporado, se hacen bolitas envueltas en papel picado.

OTRA DE ALMENDRA Y LECHE.

En cuatro cuartillos de leche, se deshacen cuatro libras de azúcar; despues de colada, se le agrega media libra de almendra molida, se pone al fuego, sin dejar de moverla; cuando se le vea el fondo al cazo, se aparta del fuego y se bate.

PASTA DE HUEVO.

Clarificada de punto que junte en el agua una libra de azúcar; y ya fuera de la lumbre, se bate para enfriarla; entónces, se le mezclan ocho yemas de huevo reventadas, y una onza de almendra molida, se vuelve al fuego, para que se cueza el huevo y al sacarla se bate un poco.

PASTA DE MAMEY.

En una libra de almibar, clarificado y de punto que junte en el agua, fuera ya de la lumbre, se le mezcla una libra de mamey molido, se bate bien, y se vacia en el platón.

JIRICALLA DE ALMENDRA.

Molidas las almendras, despues de bien remojadas de un día para otro, y disueltas en una poca de leche, la nesesaria para que se pueda colar, y volverla á remoler, hasta que no le quede nada de grano, en una poca de leche se disuelve el azúcar necesaria, colada y junta con la almendra, se pone á hervir agregándole vainilla al gusto; así que haya hervido, se le quita la vainilla, e deja enfriar, y se le ponen seis yemas de huevo bien batidas en la leche; esta cantidad de yemas será para cada cuartillo de leche; luego se vacia en el molde, y se pone en una cazuela ó cazo con agua hirviendo y fuego arriba.

ARROZ COSTRADO.

A un cuartillo de leche endulzada se le po-

ne lo que se toma con la mano, de arroz ya remojado, luego que espese se le mezclan huevos
batidos como para freir los necesarios para que
suelte pero que no quede aguado, se le agrega
raspadura de limón verde y bien incorporado
todo esto se vacía en un platón hondo untado
de mantequilla y bien emparejado se cubre con
polvo de bizcocho, azúcar, canela y mantequilla derretida; á dos fuegos se dora.

ALFAJOR DE PAN.

Se clarifican tres libras de azúcar, con un
cuartillo de miel virgen; cuando esté de punto
de conserva, se cuela, y antes que se enfrie se
le revuelve pan blanco bien tostado, y no muy
remolido, poca pimienta, clavo, canela y nuez
moscada, se revuelve bien todo y se deja hasta
el día siguiente para que se esponje, si amane-
ce muy seco se le pone miel caliente ó si por
el contrario está muy suelto se le pone poca
almendra tostada y molida, se le mezclan piñones y almendras y se cortan los alfajores,
luego se revuelcan en polvo de pan y se ponen
en las obleas.

BIZCOCHOS DE ALMENDRA Y CANELA.

Se limpia con un lienzo una libra de almendras, se muelen con cáscaras y se mezclan fuera de la lumbre, en media libra de azúcar clarificada y medio cuartillo de miel virgen cuando tome punto que junte en el agua se le agrega media onza de polvo de canela una poca de nuez moscada y clavos, todo en polvo y bien incorporado se vuelve al fuego y cuando haya dado un hervor se aparta, se bate un poco y se pone en platos espolvoreados con azúcar cernida, luego se cortan ovalados.

TORTITAS DE LECHE Y ALMENDRA.

Á diez y seis cuartillos de leche, endulzados mas de lo regular, y colados, se les mezcla una taza de arroz sancochado, se pone al fuego, y cuando vaya espesando, se le agregan media libra de almendras remojadas y molidas, como arroz quebrado, y una poca de raspadura de limón, se le dá punto muy alto; y luego que esté fria, se le agregan doce yemas bien batidas, y en unos moldecitos chicos, ó cazuelitas bien untadas de manteca, hechándoles hasta la mitad, se meten al horno; cuando estén cuajadas, se sacan, y puestas con cuidado en el platón, se cubren con almíbar de punto, y se adornan con polvo de canela.

BIZCOCHOS DE ALMENDRA Y CANELA.

Despues de hecha la pasta de almendra, como las anteriores, se muele y se le mezclan do claras de huevo batidas, si fuere una libra de pasta, canela en polvo la que necesite para darle color claro, limón verde rayado, á darle gusto, y bien incorporado, se hecha en los moldes ó cajitas de papel que no queden llenas, se meten al horno templado, á que solo cuaje el huevo; porque han de quedar tiernos, y antes de que enfrien, se sacan de los moldes ó cajas.

OTROS.

Batidas ocho claras de huevo, que estén duras. se mezclan con una libra de almendra molida, otra de azúcar cernida, y cuatro onzas de harina de arroz; bien incorporado todo, se hechará en cajitas de papel untadas de mantequilla ó manteca, pero no tanta que se engrasen. se meten al norno, medianamente caliente, y en cuanto haya cuajado el huevo, se sacan, y antes que se enfrien se quitan de las cajas.

OTROS.

Se hacen lo mismo, con la diferencia de llevar media libra de almendras, media de azúcar, una cucharada regular de harina floreada, y seis claras de huevo.

BIZCOCHOS DE NATILLAS.

Se baten seis claras de huevo, hasta estar duras, se les mezcla á fuerza de batido, media libra de azúcar en polvo, cuatro onzas de harina, y un cuartillo de natillas, bien escurridas por cedazo y en cajitas de papel espolvoreadas de harina, se irán echando para meterse al horno, muy templado, luego que cuaje el huevo se sacan.

BIZCOCHOS TOSTADOS.

Media libra de harina floreada y media libra de harina de arroz, se mezclan con una de azúcar cernida, en seguida se le ponen yemas

de huevo hasta que esté un poco blanda, se bate mucho y cuando haga ampollas, se le agrega
aniz y se vuelve á batir con fuerza hasta que
tenga muchas ampollas; entonces se vacía en
las cajitas, se meten al horno y así que estén
cocidos se sacan, se parten y puestos en papeles, se vuelven al horno para que se medio
tuesten.

BISCOCHOS DE FRUTA.

En doce huevos batidos, separadas las claras de las yemas, hasta estar duras, se les mezcla á fuerza de batido, una libra de azúcar cernida, media de harina, y media de mermelada,
la raspadura de dos limones verdes; estando
bien batido y hecho pasta, se vacía en las cajitas para meterlas al horno muy templado, y
cuando se saquen se les pone betum y se vuelven al horno para que se sequen. Estos también se hacen con naranja ó cidra conservada.

BIZCOCHOS DE MANTEQUILLA.

A libra y media de harina, se le mezclan
ocho huevos batidos, como para freir; una taza caldera de levadura, poco aniz, cuatro on-

zas de azúcar cernida, sal, y media libra de mantequilla, se amasa hasta que haga ojos, (se le puede poner más harina si la necesitare), despues de tres ó cuatro horas, se hacen los bizcochos para meterlos al horno, con el temple de los demás, y si fueren roscas, estará el horno un poco más bajo, para que puedan cocerse.

TERCERA PARTE.

PASTELERIA.

BUÑUELOS ESTIRADOS.

A una libra de harina se le pone cuatro onzas de mantequilla derretida y fria, una poca de azúcar cernida cuidando de que no quede muy dulce, cuatro yemas y dos claras de huevo, una poca de levadura deshecha en leche, sal, tequezquite en polvo y leche la necesaria para mojar la masa, se amasa y suavisa con mantequilla para que se puedan estirar los buñuelos, los que se harán sobre una servilleta estirándolos y procurando queden redondos, muy delgados y sin bordos, en seguida se frien en manteca y se sirven con almíbar.

OTROS.

En una libra de harina, se pone una cucha-rada de manteca derretida y fria, otra de man-tequilla, sal, tequezquite en polvo, aguardien-te y azúcar cernida, la que sea necesaria, el jugo de media naranja agria y agua para po-der juntar la masa; después de bien amasada se suavisa con manteca y se concluye como los anteriores.

BUÑUELOS DE LECHE Y ANIZ.

A una libra de harina hecha cerco, se le po-nen seis yemas, cuatro onzas de mantequilla derretida y fria, poca sal, tequezquite deshecho en leche y asentado, bastante azúcar cernida, aniz hervido en leche y toda la leche necesa-ria para que se junte; despues de amasada, se suaviza con mantequilla, y despues de cinco ó seis horas, se concluyen como los anteriores.

BUÑUELOS DE MAIZ.

Hecho el niztamal, refregado y descabezado, se muele en seco y se disuelve en leche para ponerlo en la lumbre sin dejar de moverlo se

le agrega sal y aniz, y cuando espese se le pone poca manteca, y así que haga una bola que
no se pegue en la mano se baja de la lumbre
y se extiende en una mesa para que se enfríe;
en seguida se le mezclan huevos á medio batir hasta que quede la masa capaz de freirse
en manteca caliente, se pone una cucharada
de la masa; si esta no se esponja, se le agregan unas yemas para seguirlos friendo en cucharaditas; cuidando de que la manteca ni esté muy caliente para que no se doren pronto,
ni tan fria que se aplanen y no puedan reventar: en seguida se les dà un hervor en almibar
de punto; y ya secos, se cubren con polvo de
canela.

GAZNATES.

Se baten veinticinco yemas hasta estar blan-
cas y duras, luego se les pone tres onzas de azúcar cernida, tres de manteca derretida, aguardiente, tequezquite, sal, harina toda la que
puada mojar el huevo, procurando no quede dura, y ya que esté junta, se pone en una mesa
para darle una ligera amasada; si estuviere pegajosa, se le pone más harina para poderle extender con el palote, en seguida se cortan con
carretilla, para poder hacer los taquitos, unién-
dolos con clara de huevo, estos se frien en manteca y después se rellena con lo siguiente:

En libra y media de azúcar clarificada y de punto que junte en el agua; fuera de la lumbre, se le mezcla una libra de almendra molida, que esté granosa, clavo y canela al gusto; se vuelve al fuego sin dejar de moverlo hasta que se le vea el fondo al cazo, entonces se aparta y luego que esté fria se rellenan con ella los gaznates; adornándolos por los lados con grajea.

EMPANADAS.

A una libra de manteca derretida y fria, se le pone un pocillo de agua con sal, un cuarto de vino generoso, una poca de levadura disuelta con el agua de sal, se bate todo hasta que se haya incorporado, en seguida se le pone harina hasta que suavise la masa, y se pueda extender, y en una cazuela untada de manteca se pone y se tapa; si la masa se prepara en la mañana se hacen las empanadas en la tarde; despues de extendida la masa con el palote sobre polvo de harina, se cortan las empanaditas para rellenarlas de picadillo de carne ó pescado, y puestas en hojas de lata, se meten al horno que esté de buen temple; al sacarse se les pone azúcar cernida.

OTRAS.

Se harán dos cercos de harina, de á libra cada uno, á uno se le ponen tres huevos, azúcar cernida, sal, poco tequezquite y el agua nesesaria para juntarla; la otra se junta con solo manteca derretida y fria, entonces se juntan las dos, y se les va poniendo manteca hasta que esté manuable, y se pueda extender con el palote, en seguida se cortan del tamaño que se quieran; y se concluyen como las anteriores.

———

OTRAS DE OJALDRE.

La masa se prepara con una libra de harina puesta en una mesa echa cerco, poniéndole sal, cinco yemas, vino, una poca de manteca, azúcar cernida á que no quede muy dulce, y agua para que se pueda juntar y amasar; luego se extiende con el palote, se unta de manteca, se dobla; esto se hará por cinco ocasiones, y extendida por último, se cortan cuadradas, rellenándolas en seguida con crema de vainilla espesa para ponerlas en hojas de lata untadas de manteca, y meterlas al horno; cuando se saquen se les pone azúcar cernida.

———

EMPANADITAS FRITAS.

Libra y media de harina se junta con me-

dia de manteca derretida y fria, agua de sal
con tequezquite asentado, cuando esté manuable se toma la masa de cada una del tamañe
que se quiera, se extienden con el palote, y se
rellenan de picadillo, se doblan, se repulgan de
la orilla y se frien en manteca, al sacarlas se
les pone azúcar molida.

OTRAS DE LECHE.

A dos libras de harina, cuatro onzas de mantequilla derretida y fria, otras cuatro de manteca, lo mismo seis yemas, medio pocillo de a-
gua de aniz, otro de agua de tequezquite asentado, poca sal y leche la necesaria para que se
junte y amase bien, hasta levantar ampollas,
si se resecare, se le pone mas leche, estas se rellenan de conservilla de coco y se les poné polvo de canela, incorporado con el de la azúcar.

OTRAS DE VINO.

Esta será la masa como la anterior, con la
diferencia de que en lugar de la leche, se les pone vino; el relleno será de pasta de almendra
remojada, molida y revuelta con azúcar sernida y agua de azahar.

MAMONES DE ALMIDON.

Se baten veinte y seis huevos hasta estar duros, separadas las yemas de las claras, y en estas, se mezclan diez onzas de azúcar cernida y ya que estè bien incorporada, se le ponen las yemas, cuando tambien lo estèn, y ya cerca del horno, se le agregan diecisiete onzas de almidón cernido, que con una mano se irá echàndo, y con otra batiendo para que no queden bolas, y así que esté bien mezclado, prontamente se vacía en las cajas, para meterlas al horno; este ha de estar de temple, de modo que metiendo una lana, salga pronto dorada.

OTROS.

Estos se hacen lo mismo que los anteriores; con la diferencia, de llevar catorce onzas de azúcar, libra cuatro onzas de almidón; y cuando las claras estén subidas, se le mezcla medio pocillo de aguardiente.

MAMONES DE HARINA.

Hechos como los anteriores, las cantidades son: treinta huevos, doce onzas de azúcar, y una libra de harina floriada.

I.—25

MAMONES DE HARINA Y MANTEQUILLA.

Mezcladas doce onzas de harina, con diez de mantequilla, y un pocillo de aguardiente, se le agregan diez onzas de azúcar cernida; y cuando tambien estén mezcladas, se les van incorporando, poco, á poco trece huevos batidos como para los otros mamones, y ya juntas las claras con las yemas, se batirá todo por espacio de una hora, y despues, en casuelitas ó moldes untados de mantequilla, se meten al horno del temple de los demás.

OTROS DE ALMIDÓN.

Se hacen lo mismo que los anteriores, y las cantidades son: doce onzas de almidón, dos de harina, once de mantequilla, diez de azúcar, catorce huevos, y dos pocillos de aguardiente.

PAN DE ZUMO.

Doce onzas de azúcar cernida, media libra de harina y diez huevos batidos, separadas las claras de las yemas, á estas se les incorpora la azúcar y á las claras la harina, y el zumo de cuatro limones; en seguida, se revuelve todo para vaciarse en los moldes que estarán untados de manteca, y meterlos al horno.

PAN DE PASAS.

Una libra de harina, una de pasas, una de azúcar, una de mantequilla, diez huevos, un cuarto de jerez, y una nuez noscada, rallada.

Yemas, azúcar y mantequilla, se revuelven luego, se les ponen las claras bien batidas; en seguida la harina y el jerez, cuando todo esté incorporado, se le ponen las pasas, y se vacía en los moldes untados de mantequilla.

ROSQUITAS DE ALMIDÓN.

Cuatro onzas de almidón, se deshacen en un cuartillo de leche, y se pone en la lumbre con media cucharada de manteca, se está meneando hasta que se haga bola; entonces se saca y se deja enfriar.

Se baten catorce yemas y se revuelven con la masa, si le quedan bolitas, se pasa por un metate; en seguida, se sacan por la geringa, y se frien á fuego manso, para que se esponjen.

SUSPIROS.

Doce yemas, una libra de azúcar en polvo,

y siete claras, se incorporan con polvo de canela al gusto, y un poco de agrio de limòn, se bate todo hasta que crezca, y se van poniendo cucharaditas sobre papel, para meterlas al horno; estando este templado.

PANQUÉ.

Para media taza de mantequilla, dos de harina, una de leche, tres huevos, una cucharadatetera de cremor y media de carbonato; se mezcla la mantequilla con una taza de azúcar, se le agregan las yemas bien batidas y la mitad de la harina con el cremor; luego se le pone la leche dejando una poquita para disolver el carbonato, y se le agrega á las yemas.

Se baten las claras y se le incorporan á las yemas con el resto de la harina, luego se vacía en los moldes y se meten al horno bien caliente.

PANQUÉ DE LIMON

Se pesa una libra de huevos, igual cantidad de azúcar cernida, y media libra de harina: se baten separadamente las claras de las yemas, hasta que estén duras, en seguida se le mezcla la harina, el zumo y el jugo de un limon, se tiene cuidado de no volverlo ha batir, porque se echa á perder; solo se vacía en los moldes, y se mete al horno.

PAN DE JOCOQUI.

Tres tazas de harina, una de azúcar, otra de jocoqui, bien batido, cinco huevos y una cucharada de sosa.

OJUELAS.

Se ponen dos claras de huevo y una yema en medio cuartillo de leche, con cuatro onzas de mantequilla, medio cuartillo de lebadura deshecha en una taza de agua tibia, media libra de azúcar, media de manteca derretida unta con la mantequilla, sal, un poco de tequezquite y harina, la que mojándose se revuelve, y se apuña hasta que estè suave y encerada; antes que se sequen, se frien en manteca caliente y se adornan con almíbar de punto y grajea.

PUCHAS DE CANELA.

Se pesa una libra de yemas de huevo, y se les pone harina, la que mojaré, y una cucharada de manteca derretida, media taza de naranja agria, y en ella se deshace un pedacito de tequezquite, y la sal necesaria; tambien se le pone agua de hazar al gusto; luego se amasa hasta que esté corriosa como cera, en seguida se deja reposar un rato para hacer las puchitas y freirlas en manteca, despues se cubren con almibar de medio punto, y se revuelcan en polvo de canela.

OTRAS PUCHAS.

Se baten veinticinco yemas, cuando estén duras, se moja la harina con las yemas, agregándole una cucharada tetera de tequezquite cernido, sal y vino mezcal al gusto, esto se amasa con las manos untadas de manteca hasta que truene la masa; entonces se hacen las puchitas para meterlas al horno, á este se le pone lumbre en la boca, para que rebienten las puchitas, luego se les quita la lumbre y se dejan en el horno para que reposen, despues se sacan y embetunan.

ROSQUETES DE CANELA.

Treinta yemas de huevo sin batir se mezclan con dos onzas de azúcar y poca harina, se amasa hasta que quede suave y blandita, entonces se cortan los rosquetes, se frien en manteca, despues se mojan en el almíbar, y se revuelcan en polvo de canela.

OTROS ROSQUETES.

Tres onzas de azúcar molida y una libra de manteca fria. se revuelve todo; en seguida se le va mezclando libra y media de harina, hasta que quede la masa blanda; no se soba porque se cuece, estando blandas se cortan las puchitas y se cncluye como las anteriores.

PASTEL DE VINO.

Se hace un cerco con media libra de harina, y allí se ponen tres yemas de huevo, clavo y canel en polvo, poca manteca derretida y fria, vino generoso el que sea necesario para mojar la masa, la que ha de quedar tierna y ya que esté se extiende con el palote para cortar unas tortillas muy delgadas del tamaño de la tortera, esta se unta bien de manteca y se le ponen en el fondo tres tortillas tambien untadas de manteca, y por relleno se pone una pasta echa fuera de la lumbre con almíbar suvido de punto, vino generoso, canela, clavo, mamón todo molido: pasas y almendras, y puestas en-

cima otras tres tortillas se repulgau al borde
de la tortera untándolas de mateca con una
pluma para meterlo al horno y así que esté
se le pone gragea.

PASTEL DE ALMENDRA Y NATILLAS.

A una libra de harina se le ponen tres yemas y dos claras, una poquita de levadura deshecha en agua de tequezquite asentada, dos onzas de mantequilla, cuatro onzas de manteca
derretida, vino generoso y azúcar cernida al
gusto, el sumo de dos limas agrias y el agua
necesaria para poderla amasar. El relleno será
como sigue: media libra de almendras remojadas y peladas, se muelen con otra media de
piñones, y se incorporan con una libra de azúcar cernida, medio cuartillo de natillas, seis
yemas de huevo, y polvo de canela; se hacen
las tortillas como las del anterior, y se concluye lo mismo.

PASTELES DE MANTEQUILLA.

A una libra de harina se le ponen tres onzas de mantequilla, dos yemas, una clara y el
agua que necesite para que quede la masa tier-

na así que esté amasada se espolvorea sobre la mesa una poca de harina y sobre ella se extiende la masa, se le unta mantequilla fría, se envuelve como puro y se vuelve á extender, así se estará untando enrollando y extendiendo por cuatro ocasiones y la última se extiende gruesa para cortar los pastelillos se rellenan de picadillo ó crema y se meten al horno, despues de cocidos se les pone azúcar cernida.

OTROS PASTELITOS

Puesta sobre una mesa una libra de harina se le mezclan dos yemas, una clara, poca manteca fria, sal y agua, con esto se amasa y cuando esté corriosa y haga vejigas se extiende untándola de mantequilla y doblándola, así se estará doblando y extendiendo hasta que se le hayan untado veinte onzas de mantequilla, y en todo lo demás, se hará como los anteriores.

EMPANADAS

A una libra de manteca derretida y fria, se le pone un pocillo de agua con sal un cuarto de vino generoso y poca levadura disuelta con

1.—26

la agua de sal, se bate esto hasta que se incorpore y en seguida se le mezcla harina hasta que la masa esté suabe y se pueda extender y en una cazuela untada de manteca se pone y se tapa; si la masa se hace en la mañana las empanadas se harán por la tarde y si se hace por la tarde se harán el día siguiente entónces, se extiende con el palote sobre harina se cortan del tamaño que se quieran y se rellenan de picadillo, de carne ó de pescado seco, éste se preparará friendo en manteca, cebollas ajos, jitomates, chile verde picado, ya estando frito se le pone una poca del agua en que se coció el pescado ó los camarones y se le agrega sal; el pescado en trocitos, pimienta, aceite y vinagre, se deja que hierva para que se consuma y se adorna con aceitunas y chilitos en vinagre, se rellenan, se doblan, se repulgan y se meten al horno en hojas de lata, cuando se saquen se les pone azúcar cernida.

OTRAS.

Se hacen dos cercos de harina de á libra cada uno en uno se ponen tres huevos; azúcar cernida, sal, un poco de tequezquite y el agua necesaria para juntarla; la otra se junta con pura manteca derretida y fria, despues juntando las dos, se amasa y se le va poniendo manteca hasta que esté suabe y se pueda extender, entonces se corta de un grueso regular, se reyenan y se concluyen como los anteriores.

OTRAS.

La masa se hace con una libra de harina, echa cerco, se le pone sal, cinco yemas, vino, una poca de manteca, azúcar cernida á darle muy poco gusto y agua la necesaria para que se pueda juntar se amasa y extiende con el palote se unta de manteca y se vuelve á doblar esto se hace por seis ocasiones y extendida por último se cortan, se rellenan de alguna conservilla ó leche espesa y puesta la capa de ensima se unen bien, no de la orilla; si no como el través de un dedo adentro, cosa que despegue el ojaldre al derredor y puestas sobre papeles y hojas de lata, se meten al horno y cuando salgan se les pone azúcar cernida.

EMPANADITAS FRITAS.

Libra y media de harina se junta con media libra de manteca derretida y fria, agua de sal y de tequezquite asentado, para suabisarla; así que esté asentada, se cortan del tamaño

que se quieran, para extenderlas con el palote
y rellenarlas, en seguida: se doblan se repulgan de la orilla y se frien en manteca, para
servirlas se les pone azúcar molida.

OTRAS DE LECHE.

A dos libras de harina cuatro onzas de mantequilla derretida y fria, y otro tanto de manteca, lo mismo seis yemas, medio pocillo de
agua de anis, otro de tequezquite asentado, poca sal y leche la necesaria para que se amase
hasta levantar ampollas, si se reseca, se suavisa con más leche y ya que esté se extiende
con el palote, se rellenan con conservilla de
coco ó crema, dobladas y repulgadas se frien
en manteca, y al sacarlas se les pone azúcar
y canela en polvo.
Estas se hacen chiquitas.

OTRAS DE VINO.

La masa se prepara como la anterior, con
la diferencia que en vez de leche se les pone
vino, y el relleno será de pasta de almendras
remojadas, molidas y revueltas con azúcar
cernida, tanto de unas como de otra y agua de
ahazar.

PASTEL DE NATAS.

Media libra de harina, un huevo, una cucharada cafetera de cremor, otra de carbonato, azúcar en polvo al gusto. y media taza de natas, todo esto se amasa hasta que tenga correa, en seguida se extiende y se rellena de picadillo, para meterlo al horno.

———

PASTELES DE MANTEQUILLA.

Para una libra de harina una de mantequilla: se amasa la harina con tres onzas de mantequilla, de la misma libra, dos yemas, una clara de huevo, se moja la harina con agua de sal, se amasa hasta que tenga correa entonces se extiende con el bolillo una tela muy delgada y se unta de mantequilla, se dobla y se vuelve á extender y á untar de mantequilla, y se procede lo mismo hasta que se acabe la mantequilla; despues se cortan y se meten al horno.

———

TORTILLAS DE HARINA.

A una libra de harina se le ponen cinco onzas de manteca dos yemas y azúcar al gusto,

se revuelve mojándola con poca agua, cuando
esté suabe, se extiende muy delgada para cortar las tortillitas con carretilla y se cocen en
comal.

GALLETAS.

Se baten cuatro huevos y se les mezclan
media libra de azúcar y una cucharada cafetera de rollal, así que esté bien revuelto todo,
se agrega media libra de harina y una poca de
vainilla molida, se ponen cucharadas de esta
masa, en hojas de lata, para meterlas al horno.

OTRA.

Tres huevos se baten con lo que se toma
con diez centavos de carbonato y seis onzas de
azúcar, se sigue batiendo para agregarle una
libra de harina y una poquita de leche, esto se
revuelve con dos onzas de mantequilla, despues
se extiende la masa sobre harina para cortar
las galletas, se les pone una almendra enme-
dio, para meterlas al horno.

GALLETAS DE MANTEQUILLA.

A una libra de mantequilla, dos de harina, una de azúcar molida, se amasa y cuando haga ojos, se le agregan treinta y dos llemas de huevo, si queda pegajosa se le aumenta harina hasta que se pueda revolver, para extenderla con el palote y cortan las galletas, las que colocadas en hojas de lata; se untan por encima de yema y se meten al horno.

PAN DE HARINA.

Una libra de almidón, una de mantequilla, otra de azúcar y diez huevos.

Se muele el azúcar, se cierne el almidón, y la mantequilla se bate con la mano, hasta que haga ojos; y en esta se va poniendo una cucharada de cada cosa y un huevo; y así se sigue batiendo, hasta que se consuma todo: se unta el molde de manteca, y se mete violentamente al horno, que estará de buen temple.

ROSQUETES DE CANELA.

En treinta yemas de huevo, se mezclan dos

onzas de azúcar en polvo, y una poquita de
harina; esto se amasa hasta que quede
suabe. en seguida, se cortan los rosquetitos y
se frien en manteca; despues, se ponen en el
almibar, y se revuelcan en azúcar y canela.

ROSQUETES.

Doce yemas de huevo, una libra de manteca y tres onzas de azúcar; todo esto se revuelve
para mezclarle libra y media de harina, y á
la vez irla amasando, cuidando de no sobarla;
la harina se le pone poco á poco, para que luego que la masa esté blanda, cortar los rosque-
itos y freirlos en la manteca, y se concluyen
como los anteriores.

CHAMBERGAS.

Se muele el maiz y se cierne, y á una libra
de esta harina, se le mezclan diez yemas, cinco claras, diez onzas de manteca, cuatro de
azúcar y la sal al gusto; despues de amasada,
se hacen las chamberguitas, y se meten al
horno.

ROSQUETES ENCANELADOS.

Se moja la harina con puras yemas y tantita agua de tequezquite, otra poca de agua de tomates, aguardiente, vino blanco y un pedacito de azúcar; despuès de amasada, se soba con poquita manteca, y se deja reposar un rato; después del cual, se vuelve á sobar para hacer los rosquetitos, dándoles tres cortaditas, estos se fríen en manteca muy caliente, luego que estén dorados, se sacan y se revuelcan en polvo de azúcar y canela.

TORTA DE ARROZ.

Después de lavadas y secas cuatro onzas de arroz, se muelen y se ciernen.

Se baten seis huevos, aparte las claras de las yemas y se revuelven juntamente con el arroz; se unta una tortera ó cazuela de manteca para ponerla á cuajar, después de sacada de la tortera, se pone á hervir en dos cuartillos de agua, con libra y media de azúcar y unos pedacitos de piña; luego que se reseque el agua y se conserve la piña, se vacia en el platón, adornándola con la misma piña.

1.=27.

OTRA DE ALMENDRA.

A media libra de almendra pelada y molida, se le ponen ocho huevos, batidos como para freir; después de bien mezclados con la almendra, se vacía en la tortera que estará untada de manteca para ponerla á cuajar y hervirla después de cuajada como la anterior (pero sin ponerle la piña), ésta se adorna con una poca de leche hervida con azucar, y cuando esté bien espesa, se vacía sobre la torta que ya estará puesta en el platón.

SOLETAS.

Batidas doce claras hasta estar bien altas, se les mezcla una libra doce onzas de azúcar cernida, treinta y dos yemas batidas muy duras, estando bien incorporado, y el horno menos caliente que para mamón; cerca de él se mezclan en el huevo dos libras de almidón cernido, pero no de golpe, sino espolvoreado; y así que esté bien incorporado, se van poniendo con una cuchara sobre papeles, que estarán puestos sobre hojas de lata, se les espolvorea azúcar cernida y se meten al horno.

OTRAS DE ALMIDON Y HARINA.

En la misma disposición que las anteriores,

se hacen estas, pero las cantidades son: treinta huevos, una libra de azúcar cernida, cuatro onzas de almidón, lo mismo, y doce de harina.

OTRAS.

Las cantidades de éstas son: veinte huevos, doce onzas de azúcar y una libra de harina; se hacen como los anteriores.

Bebidas para Refrescos.

ELIXIR.

Se muele una piña, y se pone en una olla con tres cuartillos de agua, se amarran unos clavos de olor, en un muñequito, y todo se deja unos dias en infusión, con seis perones molidos.

Después de este tiempo, se endulza, se cuela; y para servirse, se le mezcla vino jeréz.

———

GARAPIÑA

Se muele una piña, para ponerse á fermentar en tres cuartillos de agua, por dos días; después de estos, se pone á cocer una libra de tamarindo, se muele, y se mezcla con la piña; á las veinticuatro horas, se le pone media onza de clavo entero, y media de canela en polvo; al siguiente día, se deshacen tres libras de azúcar en un cocimiento de muicle, se endulza al gusto lo fermentado, se cuela, y se sirve agregándole una botella de vino tinto.

JARABE DE GRANADA.

Desgranadas y esprimidas las granadas á que den un cuartillo de jugo, se dejan asentar, al día siguiente se vacía con cuidado para que no se mezclen los asientos, se desbarata en el mismo jugo una libra de azúcar, se pone al fuego, se le dá punto de espejo, se filtra por un lienzo, y se deja enfriar para ponerle unas gotitas de esencia de grosella, y enbotellándola, dura mucho tiempo para tomar agua fresca.

PONCHE FRIO.

Se hace una infusión de hojas tiernas de limón y rajas de canela; después de fría, se endulza, y se le ponen unas cascaritas de cidra, después de dos horas, se cuela todo y poniéndole buen tequila, se embotella para servirse á los quince dias.

PONCHE DE SUECIA.

Se prepara el té de la manera siguiente: en una tetera se hecha agua hirviendo á que se caliente mucho, luego se vacía para poner el té, á fin de que con solo el vapor se hinchen las hojas; despues de un rato de bien tapado, se le pone el agua hirviendo, y al vaciarse en la ponchera se le agregan unas rueditas de limón, azúcar suficiente, y aguardiente ó coñac quemado, al gusto.

PONCHE A LA ROMANA.

En un cuartillo de aguardiente catalán, se baten dos yemas, poco á poco, para que no se cuagulen se baten mucho, y se le sirve azúcar, canela en polvo, unas almendras molidas, y agua de azahar, dejándolo que repose.

CHICHA.

Se toma un plato de cebada limpia, se pone

á cocer en un cazo hasta que reviente, se quita de la lumbre, y se deja enfriar; en seguida, se pone en una olla con suficiente agua, dos piñas sin pelar, nomás rebanadas, cinco manzanas y cinco limones rebanados; pero sin que se dividan, y el azúcar necesaria, se cubre con un lienzo y se pone en donde le dé el sol y el sereno, por espacio de tres dias; despues de los cuales ya se puede servir.

OTRA.

En una olla llena de agua, se pone un pozuelo de cebada tostada y molida, otro de maíz prieto, del mismo modo, media piña molida con cáscara, clavos, canela, nuez noscada, un pedazo de azúcar, y una hoja de elote para que se fermente; todo esto se deja en infusión tres ó cuatro dias, y después se cuela y se endulza.

ROMPOPE.

A uno y medio cuartillo de leche bien batida, se endulza con catorce onzas de azúcar, luego se cuela, y se pone á tibiar para mezclarle quince yemas muy bien batidas, un cuartillo de aguardiente con tres gotas de esencia de canela.

El aguardiente se le mezcla poco, á poco, sin dejar de batir la leche con el huevo.

———

OTRO.

Para un cuartillo de leche, media libra de azúcar, y media onza de almendra, ésta se muele y se revuelve con la leche; despuès, se pasa por una servilleta y se pone á la lumbre con una poca de canela, y estando bien recocida, se saca y enfría un poco, para mezclarle dos yemas muy bien batidas, se vuelve á colar por un cedazo, y se le pone un cuartillo de aguardiente, dos gotas de esencia de nuez noscada, y seis de agua carmelitana.

Embotellado se puede guardar.

———

VINO DE NOGAL

Se hierven siete cuartillos de agua, con seis onzas de corteza de nogal, á dejarlos en la mitad, se le mezclan cuatro onzas de azúcar, y despues de filtrado, se le pone medio cuartillo de aguardiente para embotellarlo.

OTRO.

En tres cuartillos de tequila se ponen cuatro
onzas de corteza de nogal, se deja ocho dias en
infusión, filtrándolo después.

HELADOS.

ENMANTECADO.

Batidas yemas de huevo en leche, hastá darle un color algo amarillo, endulzada y colada,
se pone á hervir, agregándole mantequilla fresca, la que necesite, para darle gusto, y se neva-
rá como es corriente.

———

DE LECHE, ALMENDRA Y HUEVO.

A cada cuartillo de leche se le pone una lle-
ma de huevo, media onza de almendra bien
remolida, vainilla y el azúcar necesaria, dés-
pués que haya hervido, se le quita la vainilla
para ponerlo à nevar.

———

DE ZAPOTE PRIETO.

Quitada la cáscara y huesos, y colado por un

allate, se le pone canela, vino generoso, y se endulza para nevarlo; se suelta un poco con agua, pero que no sea tanta que le quite el gusto del zapote.

DE PITAYITA.

Quitada la cáscara se deshacen en un sedazo, soltándolas con agua, la precisa á que queden bien deshechas; así que estén se endulza el agua, y ya colada se le ponen todas las semillas.

AURORA.

En dieciseis cuartillos de agua se ponen cuatro libras de azúcar, una onza de canela, un ochavo de onza de clavos, media onza de carmín y diez pimientas, todo esto molido, una nuez noscada entera; en una olla que tenga grasa, bien tapada con un lienzo en cuatro dobleces y un plato encima, se pone al fuego y cuando suelte el hervor fuerte se saca; se deja en el sereno toda la noche, sin destaparla, y al dia siguiente, para hacer uso de ella, se cuela sin removerla, se le pone más azúcar si la necesita, zumo de limón y aguardiente al gusto.

Fin del tomo segundo.

INDICE.

PARTE PRIMERA.

SOPAS.

PÁGS.

De fiideos con leche, id. para vigilia.   5

Macarrones á la napolitana, macarrón ó tallarín, macarrón, otra seca, tallarínes.   6 y 7

Tallarín con leche, de liebre, tortuga, arroz
con fritura, arroz juliana, id. á la valenciana, de pechuga, de almuerzo.   8 á 11

De camarón, de garbanzo, de pescado, de yemas, capirotada, otra de calabazas, id. de
nabos, de frijoles, rabioles.   12 á 16

Sopa de queso, puré de papas, otra, tres de
pan, de tacos, de sardinas, de mantequilla, dos de harina, de ostiones, de papas,
de macarrón seca.   17 á 23

De ostión con vino, de huevo, de menudo,
de chícharos, de betabel, de consomé, de
pescado, de salchichas, juliana, otra, de
arroz con vino, de sagú, acederas, yemas. 24 á 29

De fideos gordos, otra, de ostiones en caldillo de chícharos.   30

SEGUNDA PARTE.

CARNES.

PÁGS.

Asado mexicano, otro asado, id. de carnero,
otros cinco, asado con chícharos.　32 á 35

Tres asados, lomo de ternera estofado, guisado de lomo de res, asado en horno, otro.　36 á 38

Lomo de puerco, lomo de ternera estofado,
otro, lomo de ternera relleno.　39 y 40

Carne fría, lomo frío (varios), id. de puerco,
lomo de puerco en mancha mantele, otros,
otro con chícharos, filete de puerco á la
bolonia.　41 á 45

Filete de res con leche, otro con aceitunas,
otro, asado con vino, lomo de puerco relleno, de puerco frío, otros dos.　46 á 48

Filete de ternera, id. con macarrones, peinecillo cocido á la gallineta, mirotón, asado
de carnero, filete y estofado de carnero.　49 á 52

Adobo seco, lengua rebanada, otras dos, len-
lengua mechada, idem guisada, otra.　53 á 55

Lengua frita, id. rellena, mechada, otra, tapada, asadura de cerdo, id. verde, adoba-
da, otra, id. frita, mechada, estofado negro de carnero, otro de almendras.　56 á 61

PÁGS.

Estofado de aguardiente, id. de carnero. 62

Otro, pierna de carnero mechada, otra. 63

Otra, pierna estofada, pulpas de venado mechadas, colas de carnero, patas de carnero, otras marinadas y fritas, id. de puerco. 64 á 66

Otras patas, id. en torta, espaldilla de puerco á la marinera, chuletas de puerco, orejas de id. á la casera, otras id., orejas á la veneciana, id. fritas, hígado de carnero. 67 á 70

Biftecks inglés, buey cocido á la gallineta. 71

Buey cocido á la marinera, morcilla blanca. 72

Salchichón, salchichas, chorizones, otros. 73 y 74

Morcón, conejo, otros, conejo de hígado. 75 y 76

Liebre estofada, en pebre, venado, filetes de conejo con trufas, id. á la mariscala, id. á la milanesa. 77 á 79

AVES.

Pollos en salsa de mostaza, en id. de jamón. 80

En salsa de sanahoria, en id. de hígado de carnero, en salsa de gitomate. 81

En salsa de betabel, en id. de tomates. 82

En salsa de piña, en id. de queso, en id. de tornachiles, en salsa de almendra, en id. de perejil, en salsa de yemas. 83 y 84

Gallina morisca, gallinas portuguesas, galli-

na en salsa de mamón, en id. de cáscara
de plátano grande, en salsa de pan.   85 y 86
Pollas guisadas, otras, gallina en nogada.   87
Estofada, en salsa de chorizo, id. de harina.   88
Gallina en gitomate, rellena, guajolote tate-
mado, id. en mole poblano, en salsa de almendra, en pepían de semillas de melón,
en nogada, otro, temole de guajolote, ga-
lantina de idem.   89 á 92
Pichones en escabeche, en salsa de pasas, en
salsa de hígado, otros, en salsa de gitomate, en salsa de cáscaras de almendra. 93 á 95
Gangas asadas, guisadas en gitomate, en salsa morena, en id. de aceitunas.   95 y 96
Ancera entomatada, otras guisadas, muslos
de ganso á la leonesa, godornices ó perdi-
ces borrachas, id. en piña, otras.   96 á 98
Patos con aceite y vinagre, en salsa de yemas, en mole, id. en salsa de hígado, con
mantequilla, en salsa de gitomate.   99 y 100

PESCADOS.

Bacalao á la valenciana, id. en gitomate.   101
Otro, id. relleno, robalo, otro, id. seco, con
salsa de vinagre, con vino blanco, con salsa de mostaza, bacalao en frío, otro.   102 á 105

L

PÁGS.

Mero guisado, bagre relleno, id. en escabeche, id. frito, en salsa, adobado, en blanco,
ostiones guisados, torta de idem, ostiones
con alcaparras, camarones guisados.   106 á 110
Pescado blanco relleno, fritos, otros, id. en
escabeche, en salsa de gitomate, otros. 110 á 112
Otros, rellenos, empanados, fritos, otros. 113 y 114

VERDURAS.

Coliflores en yemas, con mantequilla, ahoga-
das, chícharos guisados, otros, id. con al-
bahaca calabacitas, id. en nogada.   114 á 117
Calabacitas en adobo, coliflor con pure de
gitomate, alcachofas, á la española, guisado de papas y sanahorias.   118 y 119
Papas guisadas, con leche, vaporadas.   120
Torta de papas, salsifis, nabos guisados, con
mantequilla, habas, con leche, coles rellenas, chiles fríos, otros rellenos.   121 á 124
Chiles rellenos con chícharos, en frío, otros.   125
Id. rellenos de carne, enchiladas, id. de chile verde, otras de gitomate.   126 y 127

SALSAS Y ENSALADAS.

De mostaza inglesa, de nuez, de chiles, de

PÁGS.

perejil, de gitomate, de chile, de betabel,
tres de gitomate, col ó coliflor. 127 á 130

Ensalada de coles, de coliflor, de col, de ca-
labucitas, de ejotes, de coliflor. 130 á 132

Cebollitas en vinagre, receta para poner fruta en vinagre, tamales. 132 y 133

REPOSTERIA.

Torta de leche, de mantequilla, de arroz, de
calabaza, de perón, de arroz, natillas. 134 á 136

Budín de leche, de requesón, de noche buena, de almendra, torta de arroz, de leche
y coco, real, budín, torta de garbanzo. 137 á 140

Queso de Nápoles, leche parda, postre de limón, leche de coco, postre, leche de manzana, de melón, acaramelada, de zumo de
naranja, frita, ante de mantequilla. 141 á 145

Ante de piñón, de pasas, de leche, de mantequilla, masapán de almendra. 146 y 147

Otro, masapanes rellenos, masapán de coco y
semillas de calabaza, bocadillos de requesón, de piña, condumbios de guayaba, yemitas nevadas, suspiros, otros. 148 á 151

Bigotes, otros, empanadas de jocoqui, ma-

meyitos, peronate, otro, duraznate, higa-
te, membrillate, chirimollate, piñate.   152 á 156

Duraznate, guayabate, piñate trasparente, li-
monate, arequipa de almendra y piña, de
vino, de requesón, de coco y perón, de perón y durazno, de perón y pera.   157 á 160

Mermelada de naranja agria, cajeta de leche,
almendra y camote; id. de piña quemada,
compota durazno, mermelada cidra.   161 á 163

ANTES.

De coco y requesón, de almendra y requesón, ante cuajado, de leche nevada, de leche, de almendra, de semillas de calabaza,
de coco y piña.   163 á 166

De almendra y piña, de plátanos, peronate
cristalino, duraznate, guayabate, conserva
de fresas, de limanes reales.   167 á 169

Conserva de pera vergamota, de higo ó breva.   170

De sandía, de plátanos grandes, torta de almendra, bizcocho y mantequilla.   171

Otra, de bizcocho y mantequilla, de almendra, requesón y canela; de requesón y frutas conservadas, tejocotes cubiertos.   172 á 174

Camotes cubiertos, cacahuates cubiertos.   175

Panochitas de piñones ó cacahuates, otras.   176

Conflonfios, rosquitas de almendra.   177

Roscas de huevo y canela, id. de mantequi-

lla, pasta para labrar, pasta de almendra
con canela, otra de almendra y leche, pasta de huevo, id. de mamey, jiricalla de almendra, arroz costrado.   178 á 181
Alfajor de pan, bizcochos de almendra y canela, tortitas de leche y almendra.   182 y 183
Bizcochos de almendra y canela, otros, otros,
id. de natillas, id. tostados, id. de fruta,
id. de mantequilla.   184 á 186

TERCERA PARTE.

PASTELERIA.

Buñuelos estirados, otros, de leche y anís, de
de maiz, gaznates, empanadas, otras, id.
de ojaldre, empanaditas fritas.   187 á 191
Otras de leche, otras de vino, mamones de
almidón, otros, id. de harina, de harina y
mantequilla, de almidón, pan de zumo. 192 á 194
Pan de pasas, rosquitas de almidón, suspiros, panqué, id. de limón.   195 y 196
Pan de jocoqui, puchas de canela, otras id.
rosquetes de canela, id., pastel de vino. 197 á 199
Pastel de almendra y natillas, id. de mante-

227

quilla, otros pastelitos, empanadas.   200 y 201
Otras dos, empanaditas fritas, id. de leche,
de vino, pastel de natas, id. de mantequilla, tortillas de harina, galletas, otras. 202 á 206
Galletas de mantequilla, pan de harina, rosquetes de canela, id., chambergas.   207 y 208
Rosquetes encanelados, torta de arroz.   209
Torta de almendra, soletas, otras de almidón
y harina, otras.   210 y 211

Bebidas para refrezco.

Elixir, garapiña, Jarabe de granada, ponche
frío, id. de suecia, id. á la romana, chicha,
otra, rompope, otro, vino de nogal.   211 á 215

Helados.

Enmantecado; de leche, almendra y huevo;
de zapote prieto, de pitayita, aurora.   216 y 217

Francisco Santoscoy
EDITOR.

CPSIA information can be obtained
at www.ICGtesting.com
Printed in the USA
LVHW100847300421
686053LV00001B/1